아기자기 코바늘 크로셰 클럽

2025년 12월 05일 1판 1쇄 인쇄
2025년 12월 10일 1판 1쇄 발행

지은이 204(이공사)
펴낸이 이상훈
펴낸곳 책밥
주소 11901 경기도 구리시 갈매중앙로 190 휴밸나인 A-6001호
전화 번호 031-529-6707
팩스 번호 031-571-6702
홈페이지 www.bookisbab.co.kr
등록 2007.1.31. 제313-2007-126호

기획 김효정
진행 권경자
디자인 디자인허브

ISBN 979-11-93049-75-4 (13590)
정가 22,000원

ⓒ 204(이공사), 2025

이 책은 저작권법에 따라 보호받는 저작물이므로 무단전재와 무단복제를 금합니다.
이 책 내용의 전부 또는 일부를 사용하려면 반드시 저작권자와 출판사에 동의를 받아야 합니다.
잘못 만들어진 책은 구입하신 서점에서 바꿔드립니다.

책밥은 (주)오렌지페이퍼의 출판 브랜드입니다.

아기자기 코바늘 크로셰 클럽

204(이공사) 지음

책밥

프롤로그

처음 코바늘을 잡았던 이유는 그냥 심심해서였어요. 새로운 취미도 가져보고 싶은 마음에 문득 '귀여운 모자나 한 번 떠볼까?' 하는 생각이 들었던 거죠. 실과 바늘만 있으면 바로 시작할 수 있다는 점이 매력적이었고 한 코씩 쌓여 어느새 근사한 모양으로 탄생하는 과정이 너무 신기했습니다. 그렇다고 처음부터 잘 뜨기 시작한 건 아니에요. 한참을 뜨다가 다시 풀기를 반복한 날도 많았습니다. 그래도 신기하게 그 단순한 반복이 마음을 차분하게 만들어주더라고요. 하루 끝, 코바늘을 잡고 앉아 있는 시간이 점점 더 기다려지기 시작했어요.

처음 만든 모자는 지금도 잊을 수 없습니다. 모양은 조금 삐뚤고 엉성했지만 제 손으로 뜬 모자가 태어났다는 사실이 정말 신기했어요. 그 뒤로는 네잎클로버나 토마토 같은 작은 소품을 만들어 주변에 선물하기 시작했습니다. 선물 받고 좋아하는 모습을 보며 이런 작은 물건도 누군가에게는 기쁨이 될 수 있다는 걸 깨달았죠. 그 순간, 저에게 뜨개는 단순한 취미를 넘어 마음을 전하는 방법이 되었답니다.

코바늘로 만드는 작품은 빠르게 완성되지 않아요. 하지만 그래서 더 의미가 있습니다. 한 코 한 코 쌓아가며 작품이 완성되는 과정을 눈으로 확인하는 게 참 즐겁거든요. 저에게 뜨개하는 시간은 일상에서의 소소한 휴식입니다. 멍하니 코바늘을 움직이다 보면 문득 새로운 아이디어가 툭 떠오르기도 하고요.

책에는 제가 직접 디자인한 도안들을 담았습니다. 귀여운 동물 인형, 달콤한 디저트 등 작은 소품들을 만들면서 제가 느꼈던 설렘을 여러분에게 고스란히 전하고 싶었어요. 이 책으로 코바늘을 처음 시작하더라도 차근차근 따라올 수 있도록 풀어냈고, 코바늘이 익숙한 분들이라면 색상이나 디테일을 조금씩 바꿔 나만의 작품을 만들어

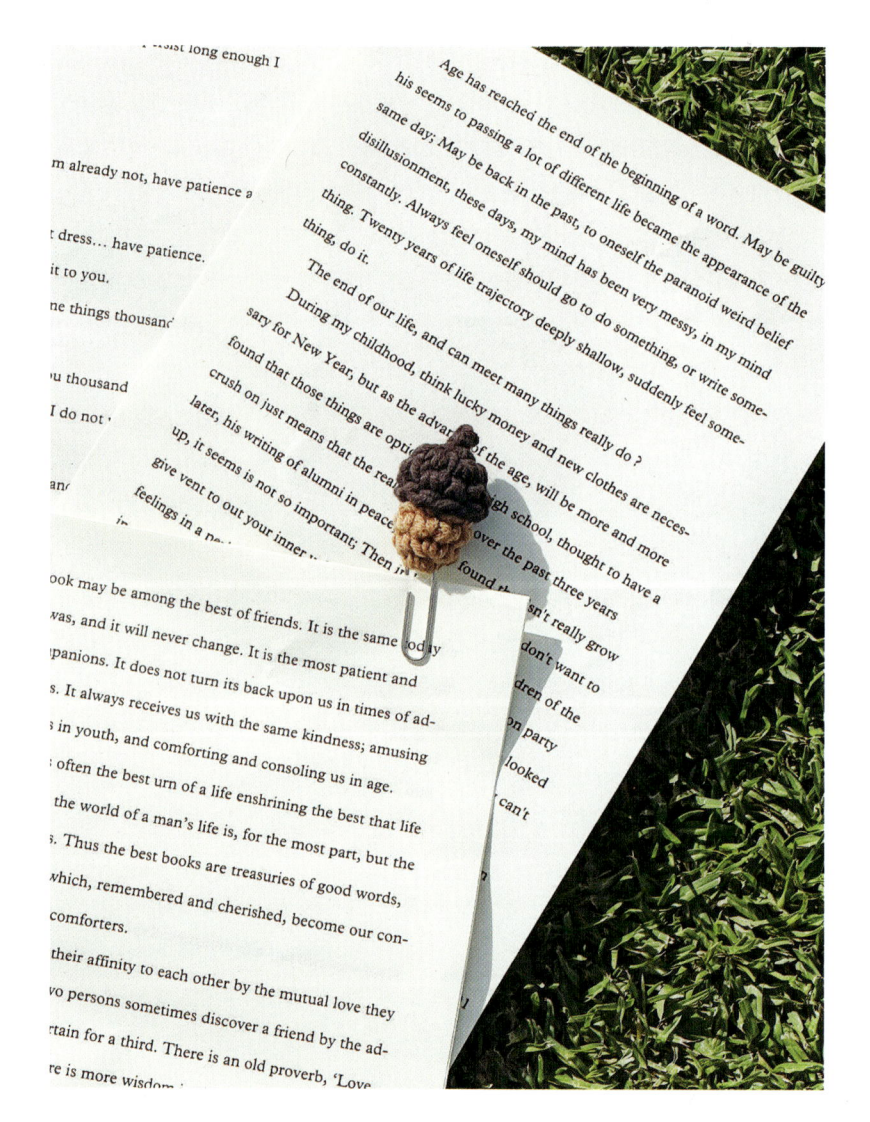

봐도 좋습니다. 뜨개 작품은 완성된 순간에도 의미가 있지만, 누군가에게 선물하거나 일상에 쓰일 때 가장 빛나는 것 같아요. 티코스터가 따뜻한 차 한 잔과 함께 포근한 시간을 만들어주고, 작은 인형이 지친 하루 끝 잠깐의 미소를 선물할 수 있다면 그걸로 충분하겠죠.

끝으로, 이 책이 세상에 나오기까지 함께해 준 분들에게 감사의 마음을 전하고 싶습니다. 함께 애써주신 편집자님, 늘 응원해 준 가족과 친구들, 그리고 제 뜨개를 귀엽게 봐 준 모든 이들에게 진심으로 감사드립니다. 무엇보다 이 책을 펼쳐 보고 있을 독자들에게 가장 큰 감사 인사를 드려요. 여러분 덕분에 제가 계속 코바늘을 놓지 않을 수 있었습니다.

이 책이 누군가에게는 새로운 시작이, 또 다른 누군가에게는 하나의 즐거움이 되기를 바랍니다. 그리고 무엇보다 제가 코바늘을 통해 느낀 따뜻함과 성취감을 여러분도 함께 경험하길 바랍니다. 여러분의 손끝에서 태어나는 작품들이 작은 위로와 기쁨이 되기를 진심으로 응원합니다.

한 코 한 코 마음을 담아
204(이공사) 드림

차례

프롤로그　　　　　　　4

크로셰 클럽의 기본

　사용 도구　　　　　　11
　기본 뜨개법　　　　　14
　인형 뜨개 기법　　　　18
　도안 읽는 법　　　　　19
　촘촘한 편물뜨기　　　23
　다양한 뜨개 활용법　　25

Part 1 아기자기 뜨개 인형

쿠키 강아지	28	우무 문어	100
아이스크림 유령	34	양면 문어	104
푸딩 유령	40	당근 토끼	109
푸딩 곰돌이	46	도토리 다람쥐	116
머그컵 곰돌이	52	버섯 인형	122
앉아 있는 북극곰	58	악마 인형	127
딸기 타르트 곰돌이	64	천사 인형	132
딸기 오믈렛 곰돌이	70	치아 인형	138
멜론 소다 곰돌이	77	바다 토끼 인형	142
과일 케이크 곰돌이	84	조개 인형	147
멜론빵 곰돌이	88	개복치 인형	152
도넛 곰돌이	92	은방울꽃 요정 인형	156
당고 곰돌이	96		

 **Part 2** 센스 만점 뜨개 소품

 **Part 3** 다양한 뜨개 패턴

미니 두루마리 휴지 키링	166
미니 사각 티슈 키링	169
행복 부적	172
케이크 티코스터	175
도토리 책갈피	179
외계인 책갈피	182
레고 보관함	186
도토리 소품함	192
단감 파우치	196
집 파우치	200
곰돌이 티슈 케이스	205
고양이 핀	210

도토리 배색뜨기	216
멍냥 배색뜨기	218
푸딩 곰돌이 배색뜨기	220
멜론 소다 배색뜨기	222
yarn over 방안뜨기	224
stitch up 방안뜨기	226

크 로 셰 클 럽 의 기 본
사용 도구

● 사용된 실

책에서는 주로 얀월드 브랜드의 착하면 실을 자주 사용했습니다. 가성비가 좋아 초보자가 사용하기 좋은 실이에요. 30g에 900원, 60g에 1,700원 정도라 저렴한 가격으로, 코바늘을 취미로 시작하고 싶은 사람들에게 부담 없이 접근하기 좋은 실입니다.

책에서는 해피코튼 실도 함께 사용했는데요. 해피코튼은 제가 뜨개를 시작했을 때 처음 접한 실이기도 해요. 해피코튼 실의 최대 장점은 바로 색감입니다. 다양한 파스텔 컬러가 정말 예뻐요. 실의 갈라짐도 적어서 초보자도 쉽고 깔끔하게 뜰 수 있어요.

● 코바늘

저는 튤립 코바늘 레드 시리즈를 주로 사용합니다. 그립감이 좋고, 실을 감고 뺄 때의 부드러운 감촉이 가장 큰 장점이에요. 튤립 코바늘을 사용하기 전에는 다이소 코바늘이나 뜨개실을 구매할 때 함께 살 수 있는 저렴한 코바늘을 사용했는데요. 튤립 코바늘을 사용하고부터는 손가락과 손목의 피로감이 현저히 줄었습니다. 장시간 뜨개질을 할 때 그 차이를 확연히 느낄 수 있었어요. 세트로 구매하기엔 가격 부담이 있으니 자주 사용하는 5호나 6호 코바늘을 먼저 구매해 사용해 볼 것을 추천합니다!

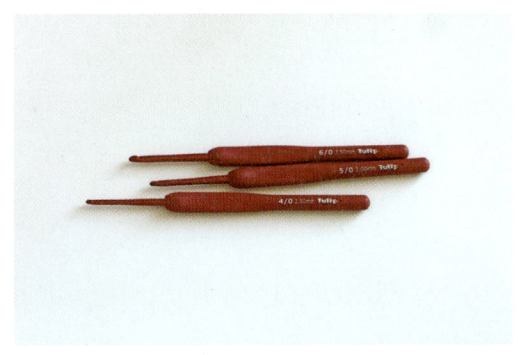

● **기타 도구**

가위 용도에 따라 두 가지 가위를 나눠 사용하고 있어요. 집에서 뜨개할 때는 쿠팡에서 구매한 스테인리스 가위를 사용합니다. 절삭력이 좋고 크기가 작은 편이라 보관이 편해요. 별도로 가위 케이스를 구매해서 함께 사용하고 있습니다. 외출할 때는 테무에서 구매한 미니 가위를 사용해요. 크기가 작아 휴대하기 편리합니다.

돗바늘 돗바늘은 뜨개 작품을 완성하는 데 꼭 필요한 도구예요. 실 끝을 감추거나 각각의 부분들을 연결할 때, 자수를 놓을 때 주로 사용합니다. 저는 기본 돗바늘과 얇은 돗바늘을 자주 사용합니다. 실 두 가닥으로 자수를 놓거나 각 부분을 연결할 때는 두꺼운 돗바늘보다 얇은 돗바늘이 훨씬 편리합니다.

단수링 뜨개 초보자에게 꼭 추천하고 싶은 도구예요. 지금의 저는 단수링을 자주 사용하지 않지만 단수링을 사용하면 단수나 콧수를 쉽게 확인할 수 있어 뜨개 과정에서의 실수를 줄일 수 있습니다.

인형 눈 제가 뜨는 인형들은 대부분 크기가 작아서 인형 크기에 맞춰 3~4mm 사이즈의 인형 눈을 자주 사용합니다. 개인적으로는 깔끔한 인형 눈보다 자수로 수를 놓는 눈 모양을 더 선호해요. 뜨개 질감과 잘 어우러져 더 귀엽게 느껴지더라고요. 그래서 제 도안에서는 인형 눈을 사용하는 것보다 눈 모양의 자수를 놓은 도안들이 훨씬 많습니다.

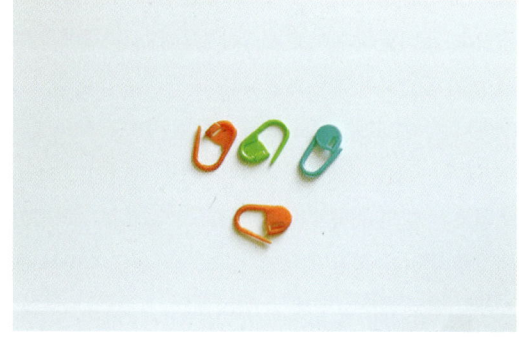
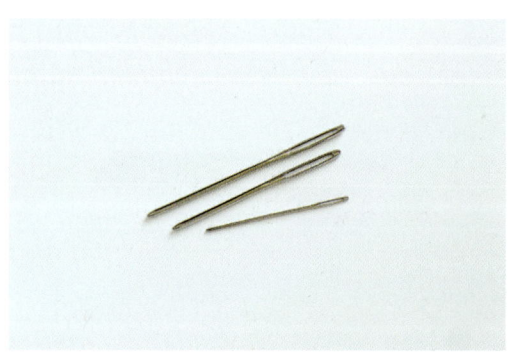

솜 넣는 도구 스터핑 툴(stuffing tool)이라고도 불리는 이 도구는 인형을 만들 때 작은 구멍으로도 솜을 수월하게 채울 수 있는 제품입니다. 처음에는 필요성을 크게 느끼지 못했지만 한 번 써보니 정말 편리하더라고요! 손이나 코바늘로 솜을 밀어 넣는 것보다 훨씬 효율적이라 추천합니다.

실 컬러북 만드는 과정은 조금 번거롭지만 완성해 두면 사용했던 실의 브랜드와 색상을 한번에 확인할 수 있습니다. 여러 색상의 실을 비교하며 배색 조합을 만들 때 정말 유용해요. 저는 다이소에서 구매한 6공 다이어리에 도화지를 끼우고 구멍을 뚫은 뒤 구멍에 실을 묶어 보관하고 있습니다.

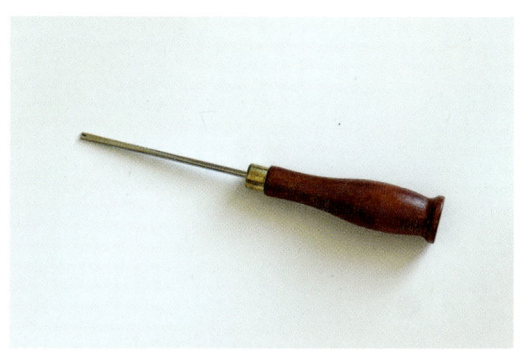

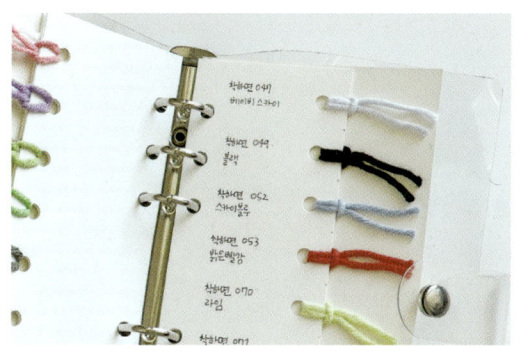

크로셰 클럽의 기본
기본 뜨개법

● 매직링 만들기

매직링은 원형 뜨개의 시작점을 만드는 기법으로, 어려워 보이지만 익숙해지면 정말 유용한 기법이에요. 중앙에 구멍이 생기지 않아서 인형이나 모자 같은 소품을 뜰 때 일반적인 사슬고리로 시작하는 것보다 훨씬 깔끔합니다.

❂ 초보자는 매직링을 만들 때 실 끝을 너무 짧게 남기지 마세요. 실을 10cm 정도 여유 있게 남겨 두어야 마무리할 때 편해요.

● 사슬뜨기

코바늘 뜨개의 가장 기본이 되는 기법입니다. 모든 뜨개의 시작점이나 높이 또는 구멍을 만들 때 사용해요. 균일한 사슬뜨기는 전체 작품의 완성도를 좌우합니다. 너무 빡빡하게 뜨면 다음 단을 뜨기 어렵고 너무 느슨하게 뜨면 모양이 흐트러져 보일 수 있어요. 적당한 장력을 유지하는 것이 중요한데 뜨개가 익숙해지면 자연스럽게 조절할 수 있을 거예요.

❂ 사슬뜨기를 연습할 때는 굵은 실과 큰 바늘로 시작해 보세요. 코의 모양과 움직임을 명확하게 볼 수 있어서 기법을 이해하기 쉬워요.

● 짧은뜨기

코바늘 뜨개에서 자주 사용하는 기법입니다. 촘촘하고 단단한 편물을 만들 수 있어 인형이나 가방처럼 형태를 유지해야 하는 작품을 만들 때 사용하기 좋습니다. 짧은뜨기의 핵심은 일정한 장력을 유지하는 것입니다. 실을 너무 세게 잡아당기면 편물이 줄어들고, 너무 느슨하면 헐거워져서 모양이 예쁘지 않아요.

❂ 처음에는 콧수를 자주 세어 보세요. 초보자는 코가 줄어들거나 늘어나기 쉬운데 매 단마다 콧수를 확인하는 습관을 들이면 실수를 방지할 수 있어요.

긴뜨기

짧은뜨기와 한길긴뜨기의 중간 높이를 가진 기법으로, 적당한 두께감과 부드러운 질감을 만들어냅니다. 실을 한 번 걸고 시작해서 한 번에 3개의 고리를 모두 통과하는 것이 특징이에요. 짧은뜨기 편물보다 부드럽고 유연합니다.

◎ 3개의 고리를 한 번에 통과하는 동작이 중요해요. 처음에는 어색할 수 있지만 균일하게 코를 만드는 연습을 계속 해보세요.

한길긴뜨기

한길긴뜨기는 코바늘 뜨개에서 높이가 높은 기본 기법 중 하나입니다. 실을 한 번 걸고 시작해서 두 번에 걸쳐 통과하는 기법으로, 편물이 빠르게 자라서 뜨개를 속도감 있게 진행할 수 있어요. 큰 작품을 만들 때 자주 사용합니다. 한길긴뜨기는 짧은뜨기 편물보다 편물의 느낌이 훨씬 가볍습니다. 숄이나 담요 또는 무늬를 만들 때 자주 사용됩니다.

◎ 실을 걸고 두 번 통과시키는 리듬감 있는 동작이 익숙해지면 뜨개의 재미를 더 느낄 수 있어요.

원형뜨기

원형뜨기는 중심에서 시작해 바깥으로 확장해가며 둥근 모양을 만드는 기법입니다. 모자, 인형, 티코스터 등을 만들 때 사용해요. 매직링이나 사슬고리로 시작해서 매 단마다 콧수를 늘려가며 원을 확장시킵니다. 원형뜨기의 핵심은 정확한 코 늘림이에요. 너무 많이 늘리면 편물이 물결치고, 너무 적게 늘리면 컵 모양으로 올라옵니다.

◎ 단수링을 사용해서 각 단의 시작점을 표시해 보세요.

기본/무사슬 기법

코바늘 뜨개는 단을 올리는 방법에 따라 기본 기법과 무사슬 기법으로 나뉩니다. 두 기법 모두 각각의 장점이 있어서 상황에 맞게 선택해서 사용하면 됩니다.

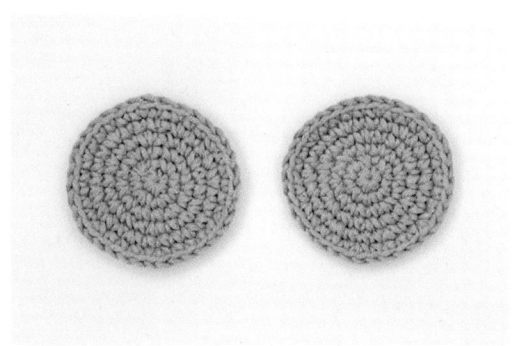

기본 기법　가장 전통적이고 널리 사용되는 방법입니다. 빼뜨기로 단을 마무리하고 기둥사슬로 다음 단의 높이를 만들어주는 방식이에요. 빼뜨기는 단을 깔끔하게 연결해주고, 기둥사슬은 다음 단에 뜰 기법에 맞는 적절한 높이를 만듭니다. 짧은뜨기는 사슬 1개, 한길긴뜨기는 사슬 3개를 떠 높이를 맞춰줍니다.

기본 기법은 배우기가 쉽고 일정한 패턴을 유지할 수 있습니다. 대부분의 뜨개 패턴이 기본 기법을 기준으로 하고 있어서 초보자가 쉽게 따라하기 좋습니다. 다만 빼뜨기한 부분은 다른 코들과 모양이 달라 편물에서 티가 난다는 단점이 있어요.

무사슬 기법　전통적인 기둥사슬과 빼뜨기를 사용하지 않고 다른 방법으로 단을 올리는 기법입니다. 무사슬 기법은 빼뜨기로 단을 마무리하지 않고, 마지막 코와 바로 다음 단의 첫 번째 코를 연결하는 방식이라 이음새가 거의 보이지 않아요. 무사슬 기법은 처음에는 조금 복잡하게 느껴질 수 있지만 익숙해지면 기본 기법보다 깔끔하고 자연스럽게 마무리할 수 있어요.

◉ 기본 기법을 완전히 익힌 후 무사슬 기법을 시도해 보세요. 두 기법을 비교해서 연습하면 차이점을 명확히 이해할 수 있어요. 기본 기법에 익숙해진 다음 무사슬 기법을 배우면 각각의 장점을 더 잘 활용할 수 있답니다.

● **마무리 기법**

뜨개 작품의 마무리는 전체적인 완성도를 좌우하는 중요한 단계예요. 아무리 예쁘게 떴다 하더라도 마무리가 엉성하면 아마추어 작품처럼 보일 수 있습니다.

코 마무리

원형뜨기에서 티 나지 않게 코 마무리하는 법을 가짜코 마무리라고 합니다.

기본 마무리　기본 방식은 빼뜨기로 한 단을 마무리하기 합니다. 시작과 끝이 자연스럽게 이어지는 기법이라 원래 있었던 코처럼 자연스러워요.

① 마무리 빼뜨기 후 실을 자르고 코바늘을 뺀 후 코를 마무리합니다.

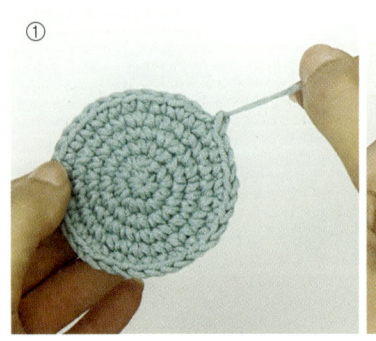

①

②

③

① 마지막 코를 뜬 후 실을 잘라 빼냅니다.
② 실을 돗바늘에 꿰고 두 번째 코에 돗바늘을 넣고 실을 통과시킵니다.
③ 실이 나오고 있는 마지막 코의 뒤 반 코에 다시 돗바늘을 넣어 통과시킵니다.

② 실을 돗바늘에 꿰고 마지막으로 빼뜨기한 코의 두 번째 앞 코에 돗바늘을 넣어 실을 통과시킵니다.
③ 실이 나와 있는 마지막 코(빼뜨기 코) 뒤 반 코에 다시 돗바늘을 넣어 통과시킵니다.

무사슬 마무리 무사슬 기둥으로 시작한 편물과 자연스럽게 이어져 깔끔하게 마무리할 수 있습니다.

마무리 실 감추기

돗바늘에 실을 꿰고 편물 뒷면이나 같은 색의 코들 사이로 여러 번 통과시켜 주세요. 보통 3~4코 정도 통과시킨 다음 방향을 바꿔서 3~4코 통과시킵니다. 이때 앞면에서 실이 보이지 않도록 주의해야 해요. 실이 풀릴까 걱정된다면 중간에 매듭을 한 번 지어주세요. 그러면 실이 풀리지 않고 더욱 단단하게 고정됩니다.

크 로 셰 클 럽 의 기 본
인형 뜨개 기법

● 얼굴 자수 놓기

인형의 표정을 만드는 얼굴 자수는 작품의 완성도를 좌우해요. 같은 인형이라도 얼굴 표정에 따라 완전히 다른 느낌이 날 수 있거든요. 눈과 코는 보통 매듭을 지어 만들어요. 매듭으로 표현하면 동글동글하고 깔끔한 느낌이 납니다. 실 두 가닥으로 매듭을 지으면 편물 사이로 매듭을 숨길 수 있어서 편물에서 실 한두 가닥 정도를 같이 꿰어 자수 놓는 방법을 추천해요.

● 솜 채우기

솜 채우기는 인형의 모양과 촉감을 결정합니다. 적당히 채우면 포근하고 예쁜 인형이 되지만, 솜을 적게 넣으면 인형이 홀쭉해지고 너무 많이 채우면 편물이 늘어나서 코 사이가 벌어져 보일 수 있어요. 솜을 한 번에 많이 넣지 말고 조금씩 나눠 넣어주세요. 특히 모서리나 팔과 다리 등 좁은 영역엔 작은 솜 조각을 먼저 채워 넣어주세요. 또 너무 꽉꽉 눌러 담지 않고 적당히 폭신한 느낌이 살아나도록 조심스럽게 넣어주는 것이 좋아요.

◎ 젓가락이나 코바늘처럼 긴 도구를 이용해서 솜을 밀어 넣어주세요. 솜 넣는 도구(13쪽 참조)를 사용하면 훨씬 쉽게 솜을 채울 수 있습니다.

● 감침질

감침질은 인형의 머리와 몸통, 팔과 다리, 귀 등을 연결할 때 사용하는 바느질 기법이에요. 올바른 방식으로 감침질을 하면 연결 부분이 깔끔하고 단단하게 고정된답니다. 실 두 가닥만 사용해서 감침질하면 더욱 자연스럽게 마무리할 수 있어요. 단단하게 고정하고 싶다고 실을 너무 세게 당기면 안 됩니다. 적당한 장력을 유지하면서 고르게 바느질하는 것이 중요해요. 감침질이 끝나면 실 끝을 편물 안쪽으로 감추어 마무리합니다.

◎ 시침핀으로 위치를 고정해 놓고 시작하면 감침질하는 동안 연결할 부분들이 움직이지 않아서 더 정확하게 작업할 수 있어요.

크 로 셰 클 럽 의 기 본
도안 읽는 법

도안을 처음 보면 마치 외국어를 읽는 것처럼 낯설고 어렵게 느껴질 수 있어요. 하지만 기본 원리를 이해하고 자주 사용하는 용어들에 익숙해지면 어떤 복잡한 패턴도 쉽고 빠르게 읽을 수 있답니다.

◐ 처음 도안을 보고 뜰 때는 진행 상황을 체크하며 뜰 것을 추천해요. 어디까지 떴는지 표시해 두면 헷갈리거나 실수했을 때 쉽게 찾아 고칠 수 있어요.

● **서술 도안**

작품 뜨는 방법을 글로 설명한 형태를 의미합니다. 요리 레시피처럼 단계별로 뜨는 기법과 콧수, 반복 횟수가 글로 자세히 적혀있어요.

서술 도안은 글로 과정을 하나하나 설명하기 때문에 이해하기 쉽고 특히 초보자에게 친숙한 방식이에요. 복잡한 기법을 단계별로 자세히 풀 수 있고, 뜨는 과정에서 주의해야 할 점이나 참고하기 좋은 팁을 함께 적을 수 있습니다. 다만 글로만 설명하다 보니 내용이 길어져 공간을 많이 차지한다는 단점이 있습니다.

● **기호 도안**

뜨개 기법을 시각적인 기호 형태로 표현한 도안입니다. 지도를 보는 것처럼 한눈에 전체적인 구조를 파악할 수 있습니다. 설명 없이 기호로만 표현되어 있어 기호를 외워야 한다는 부담이 있지만 익숙해지면 서술 도안을 읽는 것보다 빠르게 패턴을 이해할 수 있어요. 특히 복잡한 레이스 무늬는 기호 도안을 보는 것이 훨씬 더 명확하게 작품을 이해할 수 있습니다.

그림으로 표시되는 기호 도안은 시각적으로 이해하기 쉽고, 복잡한 무늬도 직관적으로 확인할 수 있습니다. 글보다 간결하게 나타낼 수 있어 공간을 절약할 수 있다는 장점도 있어요. 하지만 각 기호의 의미를 먼저 익혀야 하기 때문에 초보자에게는 다소 부담스럽게 느껴질 수 있습니다.

서술 도안 예시	1단	매직링 - 짧은뜨기 6 (총 6코)
	2단	짧은뜨기 늘리기 6 (총 12코)
	3단	{짧은뜨기 1 - 짧은뜨기 늘리기 1} * 6번 반복 (총 18코)

기호 도안 예시	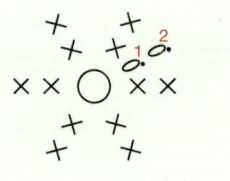

기호 설명

이 책에서 사용되는 기호를 알아봅니다. 각 기호는 뜨개 기법의 실제 모양과 닮아 있어 익숙해지면 직관적으로 도안을 이해할 수 있어요.

기호	의미	기호	의미
○	매직링	⊖	사슬뜨기
●	빼뜨기	×	짧은뜨기
⊻	짧은뜨기 늘리기	⊼	짧은뜨기 줄이기
T	긴뜨기	Ŧ	한길긴뜨기
∨	긴뜨기 늘리기	∀	한길긴뜨기 늘리기
Λ	한길긴뜨기 줄이기	⊻	짧은뜨기, 세 코 늘려뜨기
◈	한길긴뜨기, 세 코 늘려뜨기	◈	한길긴뜨기, 5코 늘려뜨기
⊙	한길긴뜨기, 5코 팝콘뜨기	⋈	짧은뜨기 이랑뜨기
Ŧ	한길긴뜨기 이랑뜨기	Ä	한길긴뜨기 줄이기, 이랑뜨기
ʃ	앞걸어 짧은뜨기	ɔ	뒤걸어 짧은뜨기
⋏	긴뜨기 1, 짧은뜨기 1	◈	긴뜨기 1, 한길긴뜨기 4, 긴뜨기 1
∇	긴뜨기 2, 한길긴뜨기 1	∇	한길긴뜨기 1, 긴뜨기 2
∨	긴뜨기 1, 한길긴뜨기 1	∨	한길긴뜨기 1, 긴뜨기 1
∀	짧은뜨기 1, 긴뜨기 1, 한길긴뜨기 1	∀	한길긴뜨기 1, 긴뜨기 1, 짧은뜨기 1

● 자주 사용하는 약어

코바늘 뜨개에서는 가독성을 높이기 위해 다양한 약어를 사용합니다. 처음에는 외워야 할 것이 많아 부담스러울 수 있지만 자주 사용하다 보면 자연스럽게 익숙해질 거예요.

▶ 이 책에서는 초보자도 쉽게 이해할 수 있도록 약어를 사용하지 않고 내용을 풀어서 작성했습니다. 여러 도안에서 약어를 사용하기 때문에 코바늘 뜨개에 관심이 있다면 기본 지식으로 알아 두면 좋아요.

기법	기본 용어	약어
매직링	magic ring	MR
사슬뜨기	chain	ch
짧은뜨기	single crochet	sc
긴뜨기	half double crochet	hdc
한길긴뜨기	double crochet	dc
두길긴뜨기	treble crochet	tr
빼뜨기	slip stitch	slst
코 늘리기	increase	inc
코 줄이기	decrease	dec
단	round	rnd
코	stitch/stitches	st(s)

● 배색뜨기 도안

배색(패턴)을 뜰 때 사용되는 도안입니다. 배색뜨기는 도안의 한 칸을 짧은뜨기 1코로 떠서 그림이나 문양을 코바늘로 표현하는 방법입니다. 가로 칸 수는 기초 사슬의 개수를 나타내고, 세로 칸 수는 뜨는 단 수를 나타냅니다. 작업 방향은 아래에서 위로 진행되며 홀수 단은 오른쪽에서 왼쪽, 짝수 단은 왼쪽에서 오른쪽으로 진행됩니다.

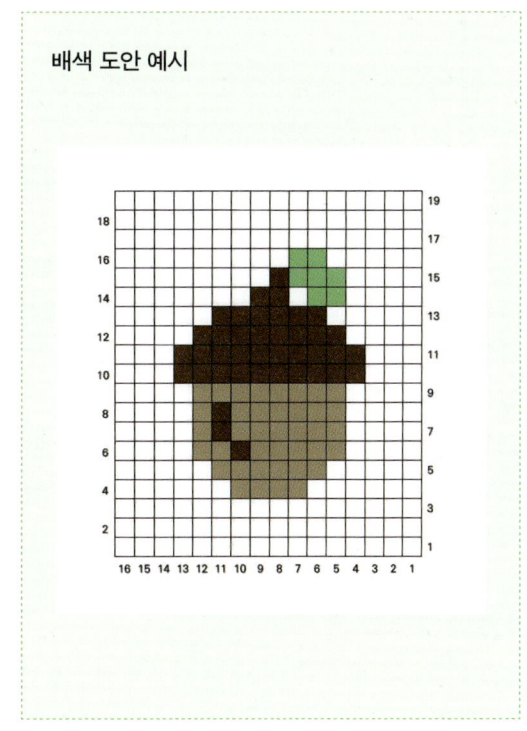

배색 도안 예시

● **배색뜨기 도안 보는 법**

① 가로 칸 수만큼 기초 사슬을 만들고 기둥사슬 1코를 더 만듭니다.
② 기초 사슬은 손에 힘을 풀고 살짝 느슨하게 뜹니다. 촘촘하게 뜨면 바늘을 넣기 힘들고 편물이 오그라들 수 있습니다.
③ 1단은 기초 사슬 코의 산에 뜨면 편물이 더 깔끔합니다.
④ 편물을 뒤집어가며 뜨기 때문에 편물의 한 면을 앞면으로 정하고 꼬리실들은 모두 뒷면으로 갈 수 있도록 뜹니다.
⑤ 도안에서 색이 바뀌는 칸을 만나면 마지막 코의 마지막 실감기에서 새로운 색으로 교체합니다.
⑥ 실이 많이 사용되지 않는 간단한 도안의 경우 색 변경 후 사용하지 않는 실은 같이 잡고 숨겨주며 뜹니다.
⑦ 색이 많이 사용되는 도안의 경우 색 변경 후 사용하지 않는 실은 같이 잡고 숨겨 뜨지 않고 필요할 때 끌어와 뜹니다. 이때 실을 너무 세게 끌어오면 편물이 울 수 있으니 장력 조절을 해야 합니다.
⑧ 도안 끝까지 뜬 뒤 실을 잘라 돗바늘로 마무리합니다.
⑨ 마무리 후 블로킹까지 해주면 더욱 깔끔한 편물을 만들 수 있습니다.

● **방안뜨기 도안**

방안뜨기는 도안을 따라 빈칸과 꽉 찬 칸을 뜨며 문양을 만드는 방식입니다. 도안의 흰 칸은 빈칸, 검은 칸은 꽉 찬 칸으로 뜨는데 빈칸엔 한길긴뜨기 1코와 사슬뜨기 2코를 뜨고, 꽉 찬 칸은 한길긴뜨기 3코를 뜹니다. 작업 방향은 아래에서 위로 진행되며, 홀수 단은 오른쪽에서 왼쪽, 짝수 단은 왼쪽에서 오른쪽으로 진행됩니다. 기본적으로 도안 한 칸에 3코(한길긴뜨기 1코＋사슬뜨기 2코/한길긴뜨기 3코)가 들어가기 때문에 (도안의 가로 칸 수×3＋1)개의 기초 사슬을 뜹니다.

● **방안뜨기 도안 보는 법**

① 기초 사슬은 손에 힘을 풀고 살짝 느슨하게 뜹니다. 촘촘하게 뜨면 바늘을 넣기 힘들고 편물이 오그라들 수 있습니다.
② 1단은 기초 사슬 코의 산에 뜨면 편물이 더 깔끔합니다.
③ 책에 수록된 방안뜨기 도안의 첫 칸은 모두 빈칸이기 때문에 기초 사슬을 만든 후 사슬뜨기 5개를 뜬 다음 바늘에서 아홉 번째 코에 한길긴뜨기와 사슬뜨기 2코를 뜨면 두 칸이 완성됩니다.
④ 방안뜨기 한 단의 마지막은 한길긴뜨기 1코를 떠서 마무리합니다.
⑤ 도안을 끝까지 뜬 후 실을 잘라 돗바늘로 마무리합니다.
⑥ 마무리 후 블로킹을 해주면 더욱 깔끔한 편물을 만들 수 있습니다.

크로셰 클럽의 기본

촘촘한 편물뜨기

촘촘하고 균일한 편물은 뜨개의 완성도를 좌우합니다. 처음에는 어려워 보이지만 올바른 기술과 꾸준한 연습으로 누구나 예쁜 편물을 뜰 수 있어요.

● **일정한 편물뜨기 기술**

장력 조절 촘촘한 편물뜨기의 핵심은 일정한 장력을 유지하는 것입니다. 너무 힘을 주어 뜨면 바늘이 들어가기 어렵고 손목에 무리가 갈 수 있어요. 너무 느슨하게 뜨면 속이 비치거나 모양이 흐트러집니다. 적당한 장력을 찾는 것이 가장 중요한 포인트예요. 실을 잡는 손가락(보통 새끼손가락)에만 적당히 힘을 주고 나머지 손가락은 자연스럽게 두는 것이 좋아요. 실을 너무 세게 잡으면 손이 금세 피로해질 수 있습니다.

코바늘을 실에 걸어 당길 때는 일정한 길이만큼만 빼내는 연습이 필요합니다. 너무 짧게 빼면 코가 작아지고, 너무 길게 빼면 코가 커져서 모양이 불규칙해지거든요. 손땀이 큰 편이라면 크기가 작은 코바늘을 쓰거나 실을 팽팽하게 잡는 연습을 해주면 좋아요. 반대로 손땀이 작은 편이라면 코바늘 크기를 크게 하거나 실을 느슨하게 잡는 연습을 하면 좋습니다.

편물이 일정하게 올라가지 않고 자꾸 틀어질 때도 있죠. 오른손으로 코바늘을 잡고 뜨면 힘이 오른쪽으로 더 들어가기 때문에 힘이 들어가는 방향으로 편물이 틀어지기 쉬워요. 짧은뜨기 편물이나 한길긴뜨기 편물을 뜰 때는 코바늘을 빼 올 때 편물의 직각 방향으로 코바늘을 빼면 편물이 틀어지지 않습니다.

균일한 원형뜨기 원형뜨기를 예쁘게 뜨려면 늘리는 코가 한 곳에 몰리지 않도록 매 단마다 시작점을 조금씩 이동시키는 것이 중요해요. 늘리는 코가 한 곳에 몰리게 되면 늘리는 코가 있는 곳에 각이 생겨 원이 아닌 다각형 모양의 편물이 될 수 있습니다. 매 단이 끝날 때마다 편물을 펼쳐서 모양을 확인하며 뜨는 것이 좋습니다.

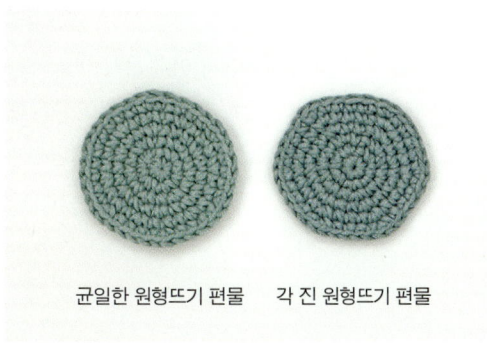

균일한 원형뜨기 편물   각 진 원형뜨기 편물

티 안 나게 줄이기 코를 줄일 때 줄이는 코가 티가 나면 작품이 울퉁불퉁해질 수 있어요. 그래서 저는 티 안 나게 줄이는 방법을 사용합니다. 줄이기를 할 때 바늘을 한 코에 다 넣지 않고 앞 반 코에만 뜨는 방법을 사용하면 줄임 부분이 거의 보이지 않아 깔끔해요. 첫 번째 코의 앞 반 코에 바늘을 넣고, 두 번째 코의 앞 반 코에 바늘을 넣은 후 실을 걸어서 3개 고리를 한 번에 통과하면 됩니다. 육안으로 보면 그냥 줄인 편물과 티 안 나게 줄인 편물의 차이가 확실하게 보여요. 기본 줄이기 방법을 사용한 일반 편물은 편물이 울퉁불퉁하거나 구멍이 크게 나 완성도가 떨어져 보일 수 있습니다.

코를 줄일 때도 마찬가지로 줄이기 코의 위치를 분산시키는 것이 좋아요. 매 단마다 같은 위치에서 줄이면 줄인 코가 뚜렷하게 티가 납니다. 매 단마다 줄이기 코의 위치를 조금씩 이동시켜 편물을 줄이면 더욱 자연스러워요.

보이지 않을 수 있습니다. 실 색상을 바꿀 때 사용하지 않는 실은 앞면에서 티가 나지 않도록 뒤로 확실하게 숨겨주세요.

배색뜨기를 할 때 사용하지 않는 실은 보통 뒤로 숨겨가며 함께 뜹니다. 2~3가지 색의 실을 사용할 때는 괜찮지만 더 다양한 실을 여러 개 사용할 때는 쓰지 않는 실을 숨겨 함께 뜨게 되면 편물이 두꺼워지고 숨겨 뜬 실이 티가 날 수 있어요. 그래서 저는 함께 뜨지 않고 필요할 때마다 실을 끌어오며 뜹니다. 이때 실이 너무 조이거나 늘어지지 않게 적당한 장력을 유지하는 것이 중요해요. 배색뜨기를 하다 보면 실이 자주 꼬이기 때문에 중간중간 실을 풀어주면서 뜨는 것이 좋습니다.

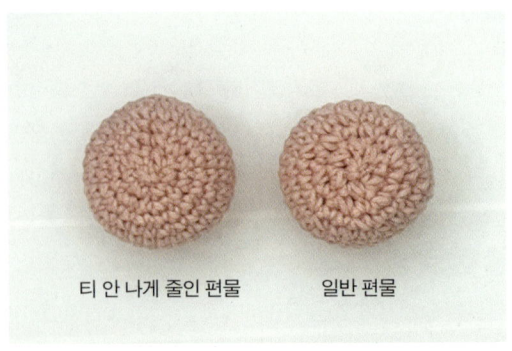

티 안 나게 줄인 편물   일반 편물

1단을 코의 산에 뜨면 완성 편물이 더욱 깔끔하고, 바꿀 실로 기둥코를 만들어 다음 단을 진행하면 옆면이 꼬아 정리되어 깔끔한 배색이 가능합니다. 배색뜨기 완성 후에는 모서리에 짧은뜨기 한 바퀴를 둘러주거나 레이스를 만들어주면 깔끔하고 귀여운 편물을 완성할 수 있어요. 완성 후 블로킹 작업을 통해 모양을 살려주어도 좋습니다.

배색뜨기 팁 배색뜨기(패턴)에서 여러 가지 색을 사용할 때는 색의 경계선을 깔끔하게 만드는 것이 중요해요. 색이 섞이거나 경계가 흐릿하면 무늬가 선명하게

크 로 셰 클 럽 의 기 본
다양한 뜨개 활용법

● 키링 만들기

뜨개로 만든 작은 키링은 실용적이고 개성 있는 소품이에요. 가방이나 열쇠에 달면 귀여운 포인트가 되고 선물용으로도 활용하기 좋습니다. 뜨개 작품을 키링으로 만들 때 저는 보통 두 가지 방법을 사용해요. 첫 번째는 오링을 사용하는 방법입니다. 가장 깔끔하고 완성도 있는 방법이라고 생각해요. 두 번째는 실로 키링 부자재를 직접 연결하는 방법인데 작품 완성 후 작품과 키링을 돗바늘로 연결하는 방법입니다. 이 방법은 연결 부분이 늘어나기 쉬워 마무리를 특히 꼼꼼하게 해주는 게 중요해요.

● 배색뜨기 활용법

저는 보통 완성한 배색뜨기 편물을 벽에 걸어 장식해요. 엽서나 포스터를 대신할 수 있는 훌륭한 인테리어 포인트가 되어줍니다. 이미 가지고 있는 패턴을 활용해도 좋고 나만의 패턴을 직접 만들어 원하는 분위기에 맞춰 다양하게 활용할 수 있다는 것이 장점입니다. 작은 사이즈의 편물은 티코스터로 활용하기 좋고, 여러 편물을 엮어서 북커버로 만드는 등 활용법이 다양합니다! 가방이나 목도리, 담요를 만들 때도 배색뜨기 패턴을 활용해 볼 수 있어요.

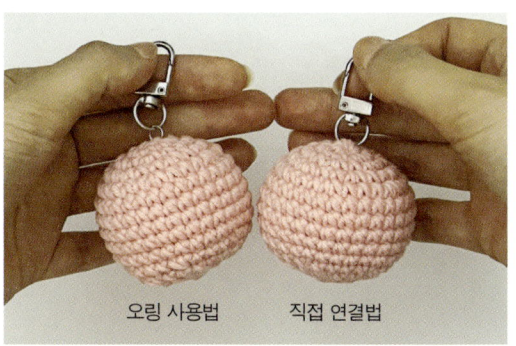

오링 사용법   직접 연결법

아기자기
뜨개 인형

쿠키 강아지

바삭한 쿠키 사이에 폭신한 크림이 가득!
크림에 귀와 꼬리를 달아 귀여운 강아지로 변신한 쿠키 강아지예요.
쿠키와 크림, 귀, 꼬리까지 만들어 연결하는 도안입니다.
어려운 기법 없이 짧은뜨기로만 만들어 초보자도 쉽게 도전해 볼 수 있어요.

기본 정보

사용 실 착하면 002(크림바닐라), 015(카멜), 049(블랙)

사용 도구 모사용 코바늘 5호(3.0mm), 돗바늘, 가위, 솜

주의 사항

- 모든 단의 시작은 기둥사슬 1코이며, 모든 단의 마지막은 첫 코에 빼뜨기로 마무리합니다.

쿠키 만들기

1단 　매직링 - 짧은뜨기 8 (총 8코)
2단 　늘리기 8 (총 16코)
3단 　[짧은뜨기 1 - 늘리기 1] * 8 (총 24코)
4단 　[늘리기 1 - 짧은뜨기 2] * 8 (총 32코)
5단 　[(짧은뜨기 1 - 긴뜨기 1) - 빼뜨기 1] * 16 (총 48코)
　　　▶ 소괄호 안은 한 코에 떠주세요.

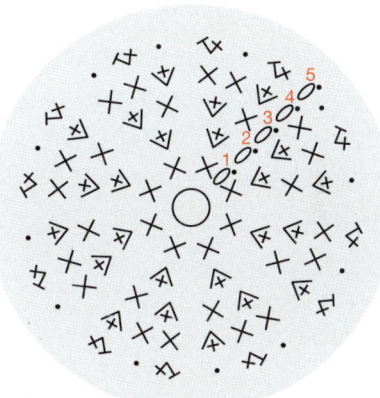

1 카멜 실로 쿠키를 뜹니다. 꼬리실은 돗바늘로 정리합니다.

2 과정을 반복해 반대쪽 쿠키를 뜹니다. 쿠키 하나는 꼬리실을 길게 남기고 잘라줍니다.
▶ 크기가 차이 나지 않도록 손땀을 일정하게 떠주세요.

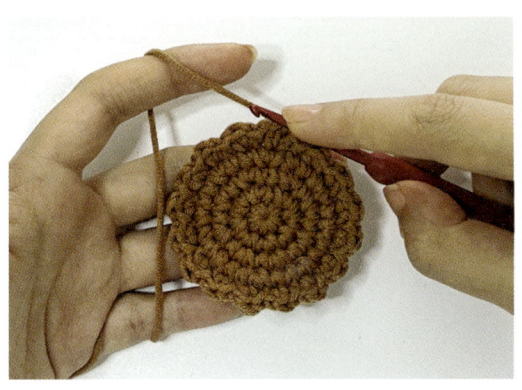

크림 만들기

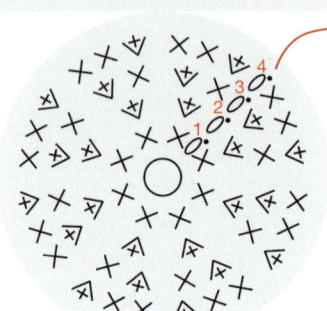

1단	매직링 - 짧은뜨기 8 (총 8코)
2단	늘리기 8 (총 16코)
3단	[짧은뜨기 1 - 늘리기 1] * 8 (총 24코)
4단	[짧은뜨기 1 - 늘리기 1 - 짧은뜨기 1] * 8 (총 32코)
5~9단	평단(한 코에 하나씩 짧은뜨기) (총 32코)
10단	[짧은뜨기 1 - 줄이기 1 - 짧은뜨기 1] * 8 (총 24코)
	◉ 줄이기 후 다음 코가 늘어지지 않도록 주의하며 떠주세요.
11단	[줄이기 1 - 짧은뜨기 1] * 8 (총 16코)
	◉ 뜨기를 잠시 멈춥니다.
12단	줄이기 8 (총 8코)

3 크림바닐라 실로 쿠키 사이의 크림을 뜹니다. 솜을 채워야 하기 때문에 손땀이 커지지 않게 주의하며 11단까지 떠주세요.

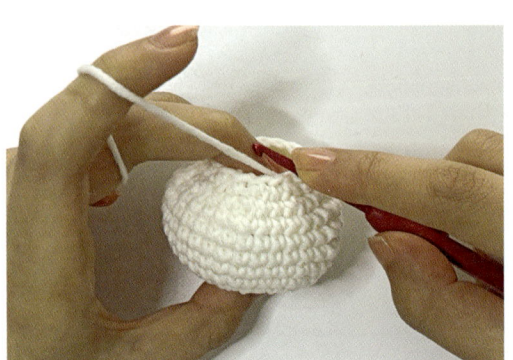

4 블랙 실을 사용해 눈과 코에 자수를 놓습니다. 눈은 6, 7단 사이 2코 간격을 두고 자수를 놓아주고 코는 7, 8단 사이 두 눈 중앙에 자수를 놓습니다. 크림 안에 솜을 채워 넣습니다.

5 여유 실을 남겨 자른 후 돗바늘로 마무리합니다.

6 여유 실을 남긴 쿠키를 크림 윗부분에 연결합니다. 여유 실을 크림 4단으로 옮긴 후 크림 3단과 4단 사이에 연결합니다.

7 크림의 여유 실로 아래 쿠키를 연결합니다. 크림 10단과 11단 사이에 쿠키 4단을 연결합니다.

꼬리 만들기

1단   매직링 - 짧은뜨기 8 (총 8코)
2~3단   평단 (총 8코)

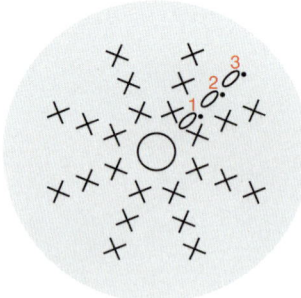

8   크림바닐라 실로 강아지의 꼬리를 뜹니다.

9   여유 실을 남기고 잘라 돗바늘로 마무리한 후 크림 9, 10단에 걸쳐 연결합니다. 감침질할 때는 꼬리실을 갈라 두 가닥만 사용합니다. 남은 실은 솜 대신 꼬리에 채워줍니다.

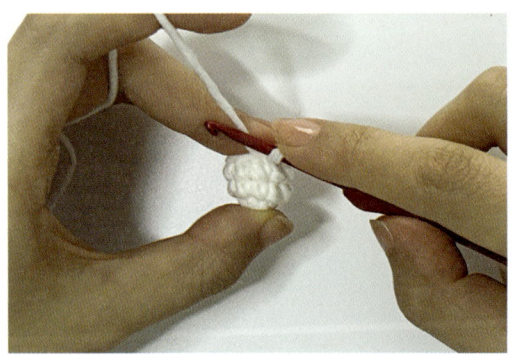

귀 만들기 및 마무리

1단 　 매직링 - 짧은뜨기 8 (총 8코)
2~3단 　 평단 (총 8코)

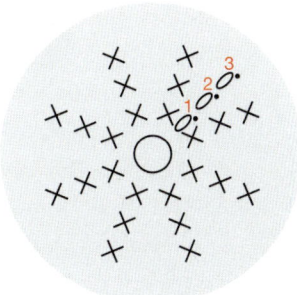

10 크림바닐라 실로 강아지의 귀를 뜹니다.

11 과정을 반복해 반대쪽 귀를 뜹니다. 꼬리실을 여유 있게 잘라줍니다. 꼬리와 마찬가지로 실 두 가닥만 사용해 감침질합니다. 사용하지 않은 남은 실은 솜 대신 귀에 채워 넣어주세요. 반으로 접어 마주 보는 코끼리 돗바느질합니다.

▶ 손땀을 일정하게 해 양쪽 귀의 크기가 차이 나지 않도록 주의해 주세요.

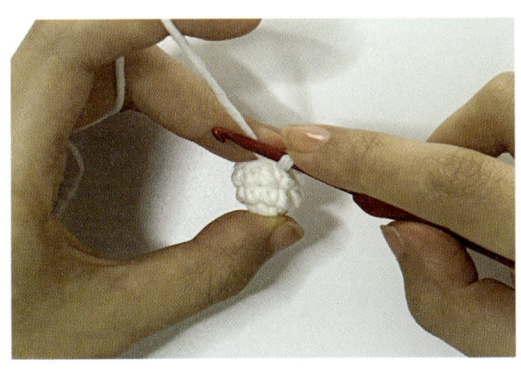

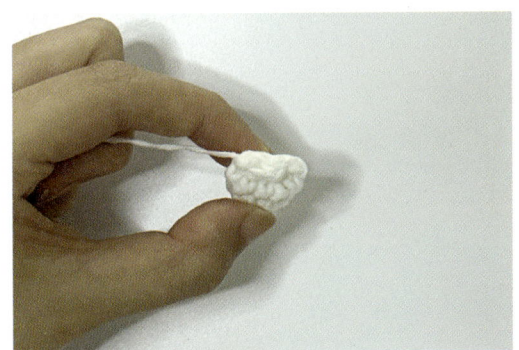

12 귀를 크림의 4단과 5단 사이에 연결합니다. 몸통 쪽으로 딱 붙을 수 있도록 여러 단에 걸쳐 돗바느질을 해줍니다.

▶ 귀를 몸통에 딱 붙여 연결하는 게 더 예뻐요.

아이스크림 유령

녹아내리는 아이스크림의 모습을 귀엽게 표현한 인형입니다.
일반적인 아이스크림과는 반대로 콘을 위에, 아이스크림을 아래에 배치해
땅에 떨어져 녹은 듯한 귀여운 느낌을 연출했어요. 작은 손을 달아 유령처럼 표현했답니다.
다양한 표정을 수놓아 나만의 개성 있는 유령 인형을 만들어 보세요.

기본 정보

사용 실 착하면 002(크림바닐라), 015(카멜), 049(블랙)
사용 도구 모사용 코바늘 5호(3.0mm), 돗바늘, 가위, 솜

주의 사항

• 모든 단의 시작은 기둥사슬 1코이며, 모든 단의 마지막은 첫 코에 빼뜨기로 마무리합니다.

아이스크림 만들기

1단   매직링 - 짧은뜨기 6 (총 6코)
2단   짧은뜨기 늘리기 6 (총 12코)
3단   {짧은뜨기 1 - 짧은뜨기 늘리기 1} * 6번 반복 (총 18코)
4단   {짧은뜨기 늘리기 1 - 짧은뜨기 2} * 6번 반복 (총 24코)
5단   {짧은뜨기 2 - 짧은뜨기 늘리기 1 - 짧은뜨기 1} * 6번 반복 (총 30코)
6~10단 짧은뜨기 평단(한 코에 짧은뜨기 하나씩 떠주세요) (총 30코)
11단   (앞이랑뜨기) {짧은뜨기 1 - (긴뜨기 2 - 한길긴뜨기 1) - (한길긴뜨기 1 - 긴뜨기 2) - 한 코 건너뛰기 - 짧은뜨기 1} * 6번 반복 (총 48코)

◉ 소괄호 안은 한 코에 뜹니다.

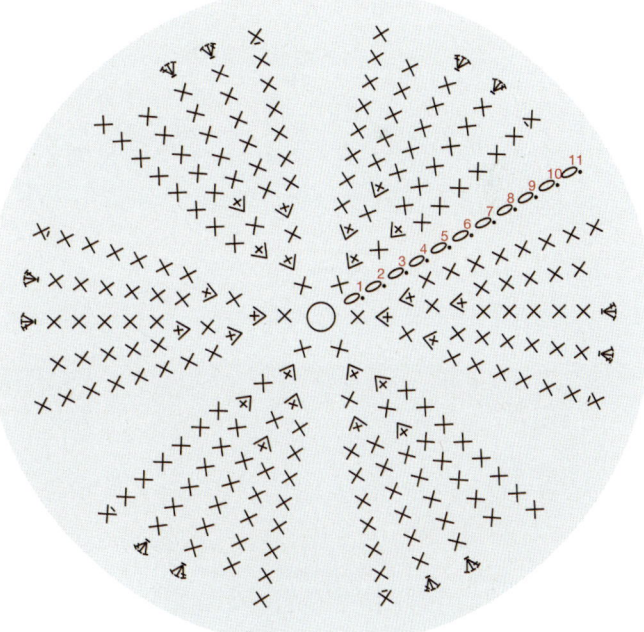

1 크림바닐라 실로 아이스크림을 뜹니다. 실을 자르고 돗바늘로 마무리합니다.

2 블랙 실 두 가닥을 사용해 눈과 코를 자수 놓아주세요. 눈은 6단과 7단 사이, 코는 7단과 8단 사이에 자수 놓습니다.

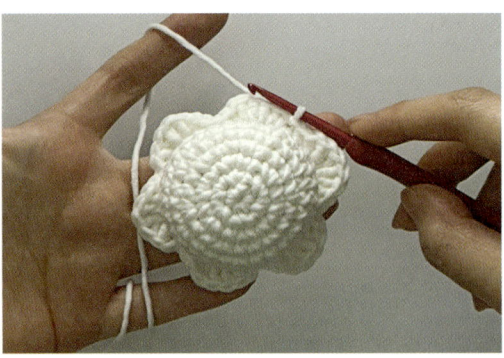

아이스크림 바닥 만들기

1단 {짧은뜨기 3 - 짧은뜨기 줄이기 1} * 6번 반복 (총 24코)
2단 {짧은뜨기 2 - 짧은뜨기 줄이기 1} * 6번 반복 (총 18코)
3단 {짧은뜨기 1 - 짧은뜨기 줄이기 1} * 6번 반복 (총 12코)
  ◯ 뜨기를 멈추고 속에 솜을 채워주세요.
4단 짧은뜨기 줄이기 6 (총 6코)

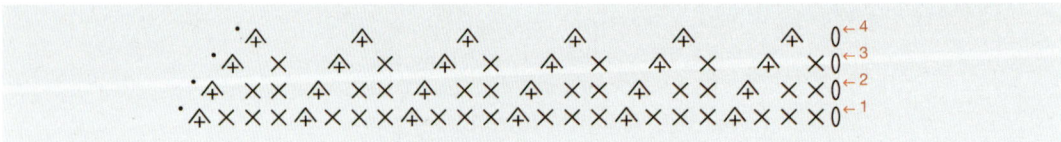

3 아이스크림 바닥을 이어 뜹니다. 아이스크림 11단에서 앞이랑뜨기 후 남은 반 코에 진행합니다.

4 13단까지 뜬 후 몸통에 솜을 채우고 이어 뜁니다. 실을 자르고 돗바늘로 마무리합니다.

아이스크림 손 만들기

1단   매직링 - 짧은뜨기 6 (총 6코)
2단   짧은뜨기 평단(한 코에 짧은뜨기 하나씩 떠주세요) (총 6코)

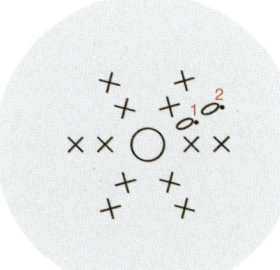

5   같은 실로 아이스크림의 손을 뜹니다. 여유 실을 남겨 자르고 돗바늘로 마무리합니다.

6   과정을 반복해 총 2개의 손을 만들어주세요.
◐ 크기가 차이 나지 않도록 손땀을 일정하게 떠주세요.

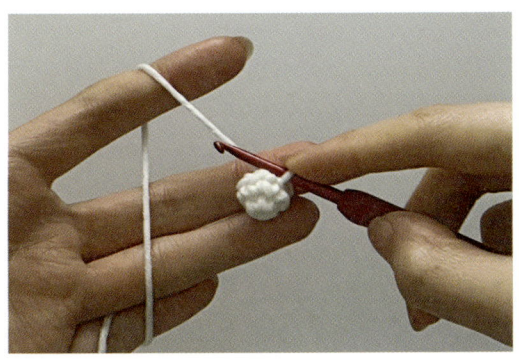

아이스크림콘 만들기 및 마무리

1단   매직링 - 짧은뜨기 6 (총 6코)
2단   {짧은뜨기 1 - 짧은뜨기 늘리기 1} * 3번 반복 (총 9코)
3단   짧은뜨기 평단(한 코에 짧은뜨기 하나씩 떠주세요) (총 9코)
4단   {짧은뜨기 2 - 짧은뜨기 늘리기 1} * 3번 반복 (총 12코)
5단   짧은뜨기 평단(한 코에 짧은뜨기 하나씩 떠주세요) (총 12코)
6단   {짧은뜨기 3 - 짧은뜨기 늘리기 1} * 3번 반복 (총 15코)
7단   {짧은뜨기 1 - 짧은뜨기 늘리기 1 - 짧은뜨기 3} * 3번 반복 (총 18코)
8단   평단(한 코에 짧은뜨기 하나씩 떠주세요) (총 18코)
9단   {짧은뜨기 5 - 짧은뜨기 늘리기 1} * 3번 반복 (총 21코)

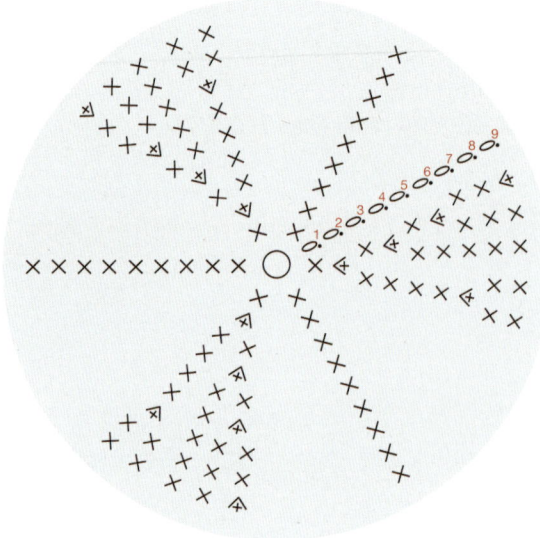

7 카멜 실로 콘을 뜹니다. 여유 실을 남겨 자르고 돗바늘로 마무리합니다.

8 아이스크림 손에 약간의 솜을 채운 후 여유 실 두 가닥을 사용해 아이스크림 8단과 9단에 걸쳐 연결합니다. 8코 정도의 간격을 두고 연결합니다.

9 콘에 솜을 채운 후 여유 실 두 가닥을 사용해 아이스크림에 연결합니다.

푸딩 유령

아이스크림 유우우우령의 친구 푸딩 유우우우령입니다.
아이스크림 유령과 기본 틀은 같지만 푸딩 시럽과 크림, 체리가 추가되었어요.
기본적인 코바늘 기법 외에 팝콘뜨기 기법을 배울 수 있습니다.
푸딩처럼 몽글몽글 부드러운 느낌을 살리기 위해 전체적으로 동그랗고 통통한 느낌으로 디자인했어요.
크림과 체리 장식을 얹어 더욱 귀엽고 맛있어 보이도록 완성했습니다.

기본 정보

사용 실 착하면 001(스노우), 011(개나리), 015(카멜), 049(블랙), 053(밝은빨강)

사용 도구 모사용 코바늘 5호(3.0mm), 돗바늘, 가위, 솜, 순간접착제

주의 사항

• 모든 단의 시작은 기둥사슬 1코이며, 모든 단의 마지막은 첫 코에 빼뜨기로 마무리합니다.

푸딩 몸통 만들기

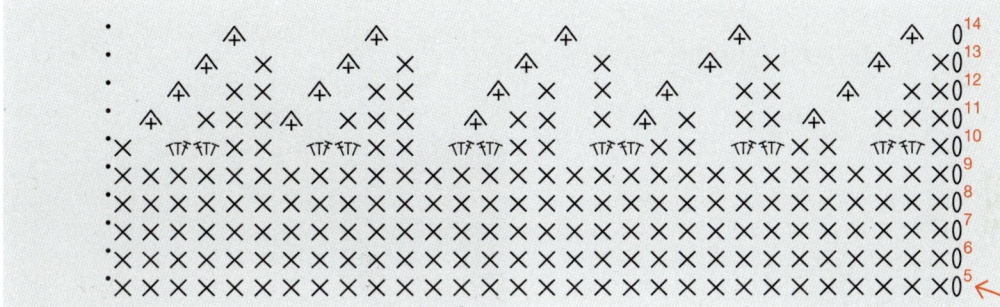

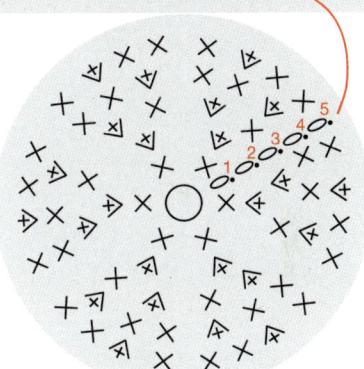

1단	매직링 - 짧은뜨기 6 (총 6코)
2단	짧은뜨기 늘리기 6 (총 12코)
3단	{짧은뜨기 1 - 짧은뜨기 늘리기 1} * 6번 반복 (총 18코)
4단	{짧은뜨기 늘리기 1 - 짧은뜨기 2} * 6번 반복 (총 24코)
5단	{짧은뜨기 2 - 짧은뜨기 늘리기 1 - 짧은뜨기 1} * 6번 반복 (총 30코)
6~10단	짧은뜨기 평단(한 코에 짧은뜨기 하나씩 떠주세요) (총 30코)
11단	(앞이랑뜨기) {짧은뜨기 1 - 긴뜨기 2 - 한길긴뜨기 1) - (한길긴뜨기 1 - 긴뜨기 2 - 한 코 건너뛰기 - 짧은뜨기 1} * 6번 반복 (총 48코)

◉ 소괄호 안은 한 코에 떠주세요.

1. 개나리 실로 푸딩 몸통을 뜹니다. 11단까지 뜬 후 실을 자르고 돗바늘로 마무리합니다.

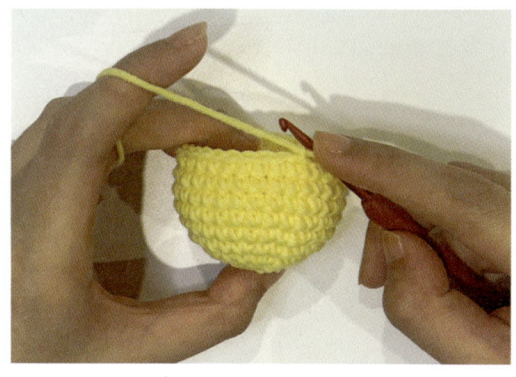

2. 블랙 실 두 가닥으로 눈, 코 자수를 놓습니다. 눈은 6단과 7단 사이, 코는 7단과 8단 사이에 자수 놓아주세요.

시럽 만들기

1단	매직링 - 짧은뜨기 6 (총 6코)
2단	짧은뜨기 늘리기 6 (총 12코)
3단	{짧은뜨기 1 - 짧은뜨기 늘리기 1} * 6번 반복 (총 18코)
4단	{짧은뜨기 늘리기 1 - 짧은뜨기 2} * 6번 반복 (총 24코)
5단	{짧은뜨기 1 - 긴뜨기 1 - 한길긴뜨기 늘리기 2 - 긴뜨기 1 - 짧은뜨기 1} * 4번 반복 (총 32코)

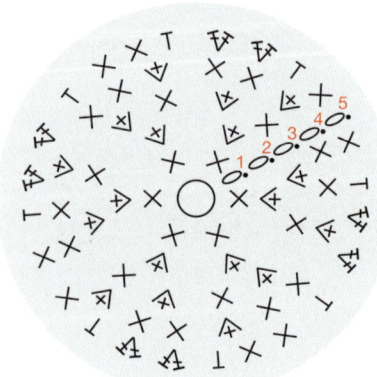

3 카멜 실로 시럽을 뜹니다. 실을 자르고 돗바늘로 마무리합니다.

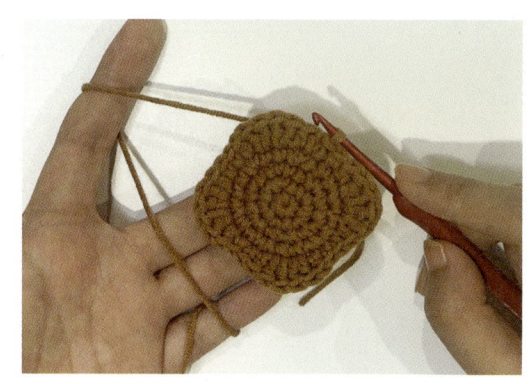

크림(팝콘뜨기) 만들기

크림① 사슬뜨기 1 - 사슬뜨기 3(한길긴뜨기의 첫 코) - 첫 번째 사슬에 한길긴뜨기 4 - 바늘 빼고 한길긴뜨기 첫 코에 바늘을 넣어서 실을 가져옵니다 - 사슬뜨기 1

크림② 사슬뜨기 3(한길긴뜨기의 첫 코) - 크림① 마지막 사슬뜨기 1코의 산 부분에 한길긴뜨기 4 - 사슬뜨기 1

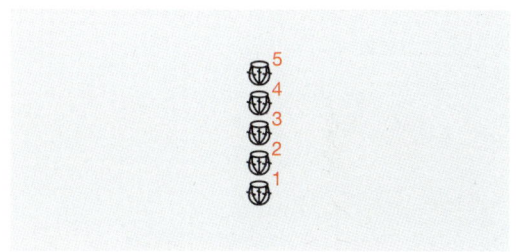

4 스노우 실로 시럽 위에 올라갈 크림을 뜹니다. 이번 과정을 반복해 크림 5개를 만듭니다.
  ❂ 크기가 차이 나지 않도록 손땀을 일정하게 떠주세요.

5 여유 실을 남기고 자른 후 돗바늘로 크림 첫 부분과 동그랗게 연결합니다. 같은 실로 시럽과 연결합니다.

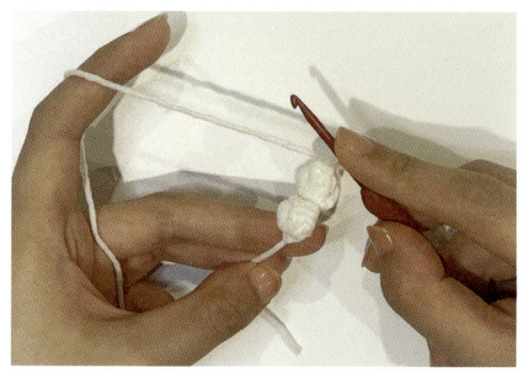
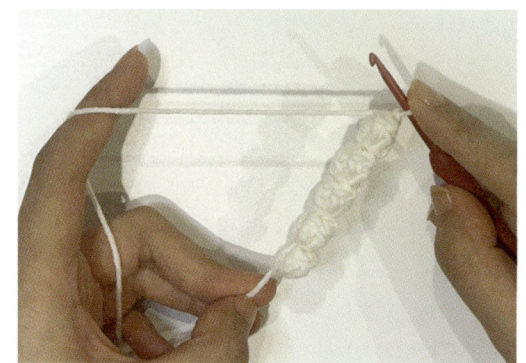

체리 만들기

1단   매직링 - 짧은뜨기 5 (총 5코)
2단   짧은뜨기 늘리기 5 (총 10코)
3단   짧은뜨기 줄이기 5 (총 5코)

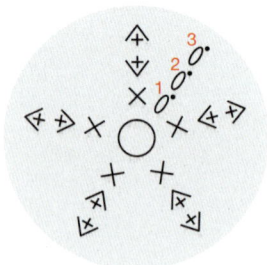

6 밝은빨강 실로 체리를 뜹니다. 실을 여유 있게 잘라서 돗바늘로 마무리한 후 매직링 구멍으로 통과시켜 체리 꼭지를 표현합니다. 원하는 길이로 자르고 순간접착제로 고정합니다.

7 푸딩과 시럽을 연결합니다. 시럽의 매직링 시작 꼬리실을 푸딩 매직링 구멍으로 통과시켜 매듭을 짓고 고정합니다. 시럽 가장자리 부분과 체리를 순간접착제로 연결합니다.

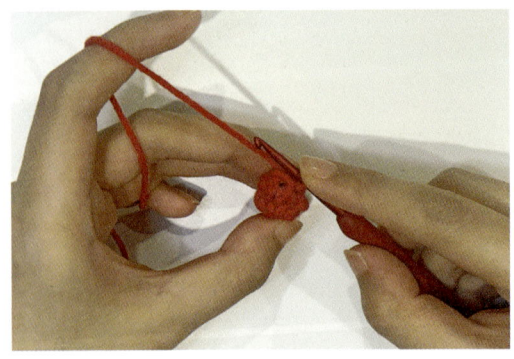

푸딩 바닥 만들기

◎ 41쪽 푸딩 몸통 만들기 기호 도안을 참조해 주세요.

12단   (11단에서 남은 반 코에 진행) {짧은뜨기 3 - 짧은뜨기 줄이기 1} * 6번 반복 (총 24코)
13단   {짧은뜨기 2 - 짧은뜨기 줄이기 1} * 6번 반복 (총 18코)
◎ 푸딩 몸통에 솜을 채워주세요.
14단   {짧은뜨기 1 - 짧은뜨기 줄이기 1} * 6번 반복 (총 12코)
15단   줄이기 6 (총 6코)

8 1의 푸딩 몸통에 이어 바닥 부분을 뜹니다. 13단까지 뜬 후 몸통에 솜을 채우고 이어 뜹니다. 실을 자르고 돗바늘로 마무리합니다.

손 만들기 및 마무리

1단   매직링 - 짧은뜨기 6 (총 6코)
2단   짧은뜨기 평단(한 코에 짧은뜨기 하나씩 떠주세요) (총 6코)

9 같은 실로 푸딩 손을 떠주세요. 돗바늘로 마무리한 후 실 두 가닥만 사용하여 감침질합니다.

10 과정을 반복해 손 하나를 더 떠줍니다. 손을 푸딩의 7~10단에 걸쳐 연결합니다.
- 크기가 차이 나지 않도록 손땀을 일정하게 떠주세요.
- 사용하지 않은 남은 실은 솜 대신 손에 채워주세요.

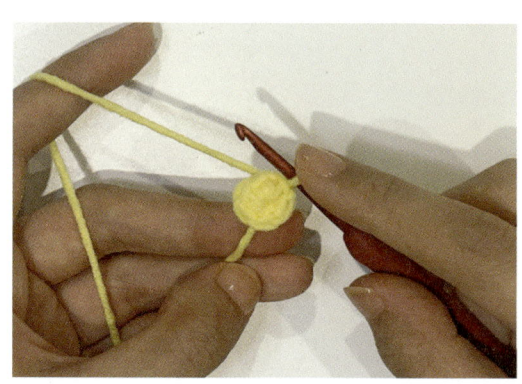
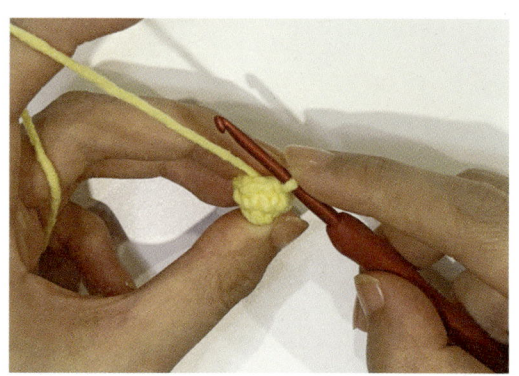

푸딩 곰돌이

부드럽고 달콤한 푸딩을 곰돌이로 만들어 봤어요.
푸딩과 캐러멜 소스를 각각 따로 떠서 붙이는 방식으로 제작해 진짜 푸딩 같은 느낌이 더 살아요.
푸딩만으로도 충분히 귀엽지만 접시까지 함께 떠서 완성도를 높였어요.
디저트를 좋아하는 분들이나 카페 소품으로 활용하기 좋습니다.

기본 정보

사용 실 착하면 011(개나리), 015(카멜), 049(블랙), 052(스카이블루), 053(밝은빨강)

사용 도구 모사용 코바늘 5호(3.0mm), 돗바늘, 가위, 순간접착제

주의 사항

• 모든 단의 시작은 기둥사슬 1코이며, 모든 단의 마지막은 첫 코에 빼뜨기로 마무리합니다.

푸딩 만들기

1단	매직링 - 짧은뜨기 6 (총 6코)
2단	짧은뜨기 늘리기 6 (총 12코)
3단	{짧은뜨기 1 - 짧은뜨기 늘리기 1} * 6번 반복 (총 18코)
4단	{짧은뜨기 늘리기 1 - 짧은뜨기 2} * 6번 반복 (총 24코)
5단	{짧은뜨기 3 - 짧은뜨기 늘리기 1} * 6번 반복 (총 30코)
6~10단	짧은뜨기 평단 (한 코에 짧은뜨기 하나씩 떠주세요) (총 30코)

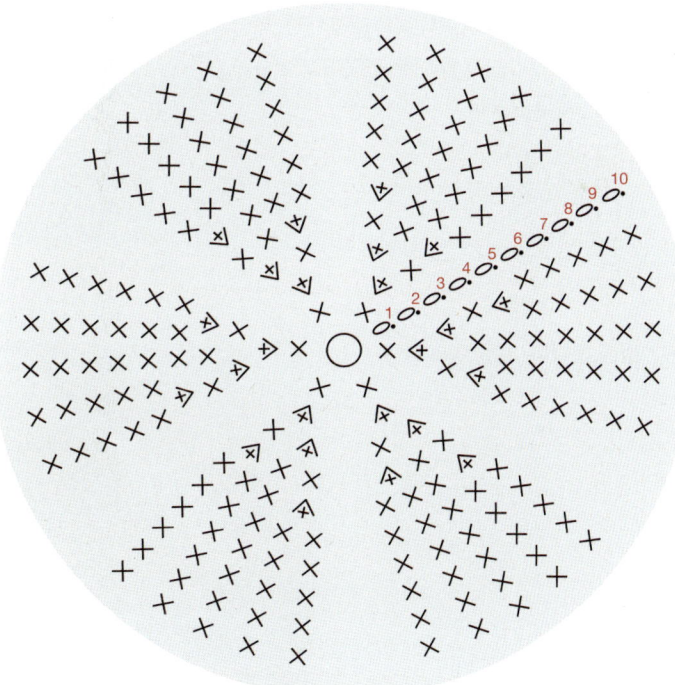

1 개나리 실로 푸딩을 뜹니다. 여유 실을 길게 남겨 자르고 돗바늘로 마무리합니다.

2 블랙 실 두 가닥만 사용해 푸딩에 눈과 코를 자수 놓아줍니다. 눈은 6단과 7단 사이, 코는 7단과 8단 사이에 자수 놓아주세요.

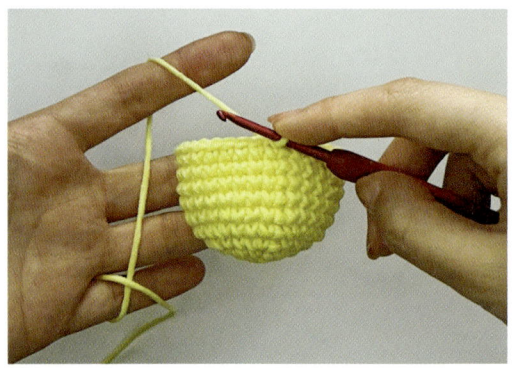

시럽 만들기

1단	매직링 - 짧은뜨기 6 (총 6코)
2단	짧은뜨기 늘리기 6 (총 12코)
3단	{짧은뜨기 1 - 짧은뜨기 늘리기 1} * 6번 반복 (총 18코)
4단	{짧은뜨기 늘리기 1 - 짧은뜨기 2} * 6번 반복 (총 24코)
5단	{짧은뜨기 1 - 긴뜨기 1 - 한길긴뜨기 늘리기 2 - 긴뜨기 1 - 짧은뜨기 1} * 4번 반복 (총 32코)

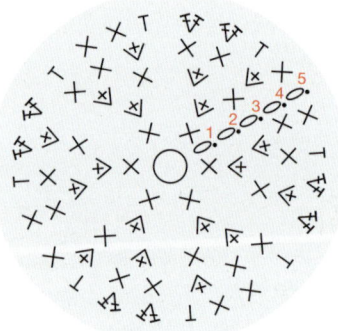

3 카멜 실로 흐르는 시럽을 뜹니다. 실을 자르고 돗바늘로 마무리합니다.

귀 만들기

1단　매직링 - 짧은뜨기 6 (총 6코)
2단　{짧은뜨기 1 - 짧은뜨기 늘리기 1} * 3번 반복 (총 9코)
3단　짧은뜨기 평단(한 코에 짧은뜨기 하나씩 떠주세요) (총 9코)

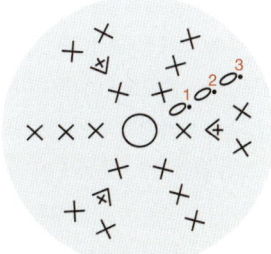

4　같은 실로 귀를 뜹니다. 여유 실을 남겨 자르고 돗바늘로 마무리합니다. 과정을 반복해 2개의 귀를 떠주세요.

○ 크기가 차이 나지 않도록 손땀을 일정하게 떠주세요.

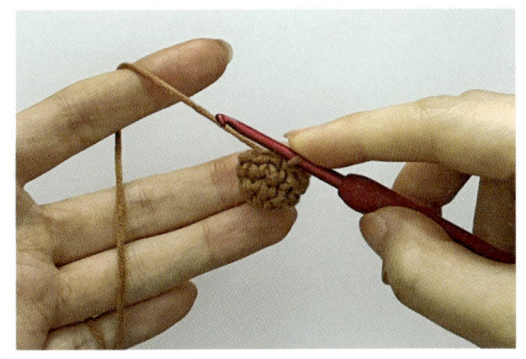

체리 만들기

1단　매직링 - 짧은뜨기 5 (총 5코)
2단　짧은뜨기 늘리기 5 (총 10코)
3단　짧은뜨기 줄이기 5 (총 5코)

5　밝은빨강 실로 체리를 뜹니다. 솜을 약간 채운 후 실을 여유 있게 잘라서 돗바늘로 마무리한 후 매직링 구멍으로 실을 통과시켜 체리 꼭지를 표현합니다. 원하는 길이로 체리 꼭지를 자르고 순간접착제로 꼭지를 고정합니다.

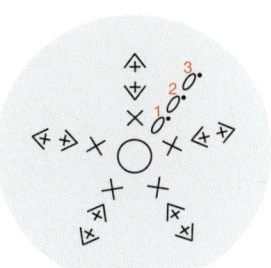

접시 만들기 및 마무리

1단   매직링 - 짧은뜨기 6 (총 6코)
2단   짧은뜨기 늘리기 6 (총 12코)
3단   {짧은뜨기 1 - 짧은뜨기 늘리기 1} * 6번 반복 (총 18코)
4단   짧은뜨기 앞걸어뜨기 평단(한 코에 짧은뜨기 앞걸어뜨기 하나씩 떠주세요) (총 18코)
5단   {짧은뜨기 늘리기 1 - 짧은뜨기 2} * 6번 반복 (총 24코)
6단   {짧은뜨기 3 - 짧은뜨기 늘리기 1} * 6번 반복 (총 30코)
7단   {짧은뜨기 1 - 짧은뜨기 늘리기 1 - 짧은뜨기 3} * 6번 반복 (총 36코)
8단   {짧은뜨기 5 - 짧은뜨기 늘리기 1} * 6번 반복 (총 42코)
9단   빼뜨기 평단(한 코에 빼뜨기 하나씩 떠주세요)

◉ 빼뜨기 코를 크게 만들어야 편물이 오그라들지 않고 예쁘게 마무리됩니다.

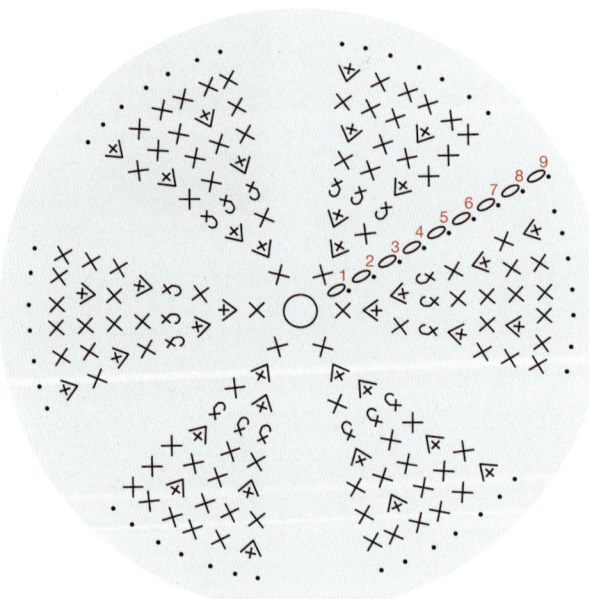

6 스카이블루 실로 접시를 뜹니다. 실을 자르고 돗바늘로 마무리합니다.

7 푸딩과 시럽을 연결합니다. 시럽의 매직링 시작 꼬리실을 푸딩 매직링 구멍으로 통과시켜 매듭을 짓고 고정합니다. 시럽의 가장자리 부분은 순간접착제로 연결합니다.

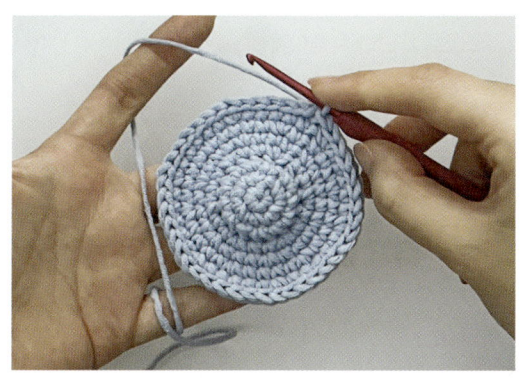

8 귀에 솜을 약간 채운 후 여유 실 두 가닥을 사용해 시럽 위에 감침질합니다. 체리는 순간접착제로 연결해 주세요.

9 푸딩에 솜을 채운 후 푸딩의 여유 실로 접시 6단과 연결합니다. 꿰맨 자국이 접시 아래에 보이지 않도록 안쪽 코들만 사용해 연결합니다.

머그컵 곰돌이

따뜻한 우유 속에서 녹고 있는 곰돌이 초콜릿을 표현한 작품이에요.
핫초코에 마시멜로가 녹는 모습에서 영감을 받아 만들었습니다.
머그컵에 담긴 하얀 우유와 그 속에 살짝 녹아 있는 갈색 곰돌이의 모습이 포근하고 따뜻한 느낌을 주는데요.
뒤걸어뜨기로 컵 바닥을 표현해서 디테일을 살렸습니다.
뒤걸어뜨기를 처음 해 본다면 이 작품을 통해 기법을 자연스럽게 익힐 수 있어요.

기본 정보

사용 실 착하면 001(스노우), 015(카멜), 041(더민트)
사용 도구 모사용 코바늘 5호(3.0mm), 레이스 코바늘 2.0mm, 돗바늘, 가위, 순간접착제

주의 사항

- 모든 단의 시작은 기둥사슬 1코이며, 모든 단의 마지막은 첫 코에 빼뜨기로 마무리합니다.
- 우유는 무사슬로 뜹니다.

컵 만들기

1단	매직링 - 짧은뜨기 6 (총 6코)
2단	짧은뜨기 늘리기 6 (총 12코)
3단	{짧은뜨기 1 - 짧은뜨기 늘리기 1} * 6번 반복 (총 18코)
4단	{짧은뜨기 늘리기 1 - 짧은뜨기 2} * 6번 반복 (총 24코)
5단	짧은뜨기 뒤걸어뜨기 평단(한 코에 짧은뜨기와 뒤걸어뜨기를 하나씩 떠주세요) (총 24코)
6단	{짧은뜨기 3 - 짧은뜨기 늘리기 1} * 6번 반복 (총 30코)
7단	{짧은뜨기 1 - 짧은뜨기 늘리기 1 - 짧은뜨기 3} * 6번 반복 (총 36코)
8단	{짧은뜨기 5 - 짧은뜨기 늘리기 1} * 6번 반복 (총 42코)
9~16단	짧은뜨기 평단(한 코에 짧은뜨기 하나씩 떠주세요) (총 42코)

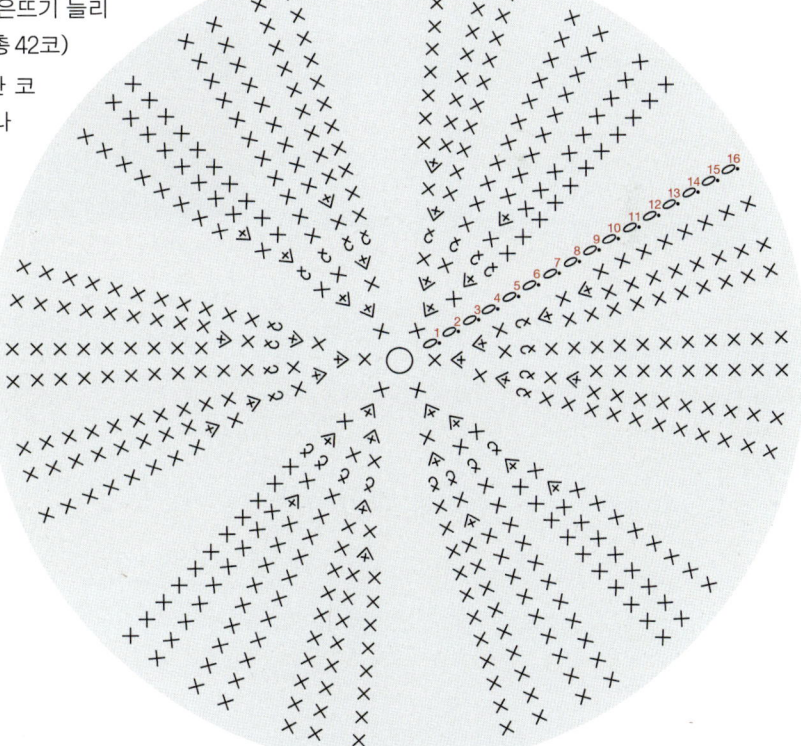

1 더민트 실로 컵을 뜹니다. 실을 자르고 돗바늘로 마무리합니다.

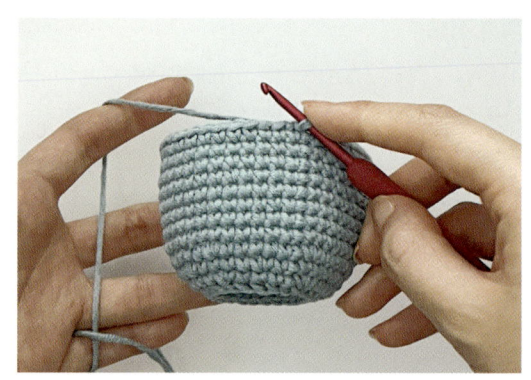

컵 손잡이 만들기

1단   사슬뜨기 15 - 기둥사슬 1 - (코 산에) 짧은뜨기 15 (총 15코)

2단   사슬뜨기 1 - 빼뜨기 15 (총 15코)

2 같은 실로 컵 손잡이를 뜹니다. 30cm 정도 실을 남기고 시작합니다. 뜨기 완료 후 여유 실을 길게 남겨 자르고 돗바늘로 마무리합니다.

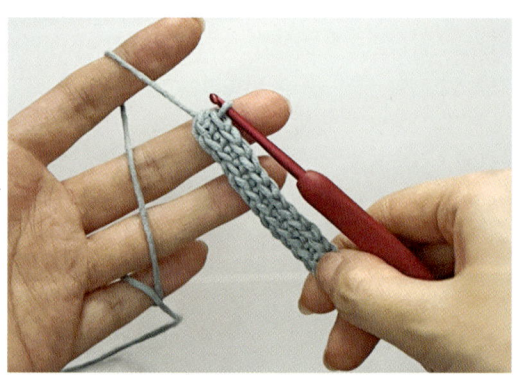

우유 만들기

1단	매직링 - 짧은뜨기 6 (총 6코)
2단	짧은뜨기 늘리기 6 (총 12코)
3단	{짧은뜨기 1 - 짧은뜨기 늘리기 1} * 6번 반복 (총 18코)
4단	{짧은뜨기 2 - 짧은뜨기 늘리기 1} * 6번 반복 (총 24코)
5단	{짧은뜨기 3 - 짧은뜨기 늘리기 1} * 6번 반복 (총 30코)
6단	{짧은뜨기 늘리기 1 - 짧은뜨기 4} * 6번 반복 (총 36코)
7단	{짧은뜨기 2 - 짧은뜨기 늘리기 1 - 짧은뜨기 3} * 6번 반복 (총 42코)

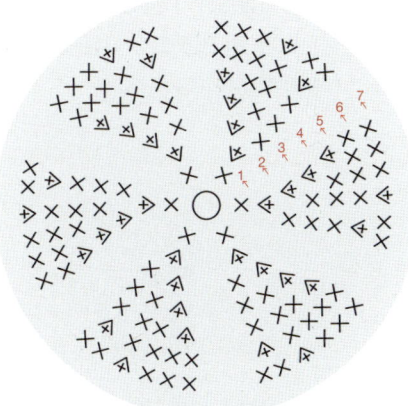

3 스노우 실로 우유를 뜹니다. 여유 실을 길게 남겨 자르고 돗바늘로 마무리합니다.

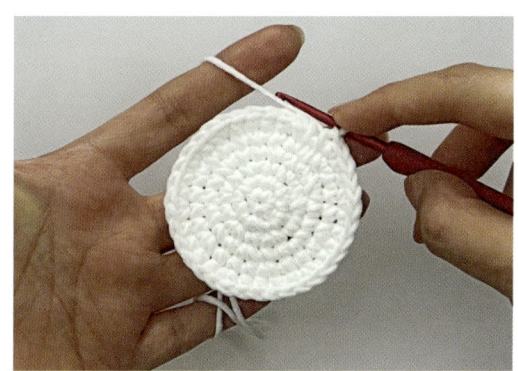

곰돌이 얼굴 만들기

1단   매직링 - 짧은뜨기 6 (총 6코)
2단   짧은뜨기 평단(한 코에 짧은뜨기 하나씩 떠주세요) (총 6코)

4   카멜 실로 곰돌이 얼굴을 뜹니다. 실을 자르고 돗바늘로 마무리합니다.

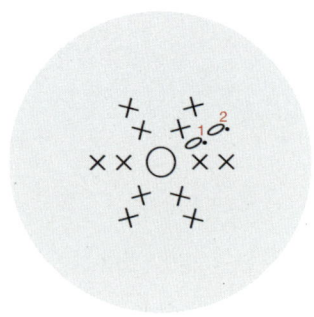

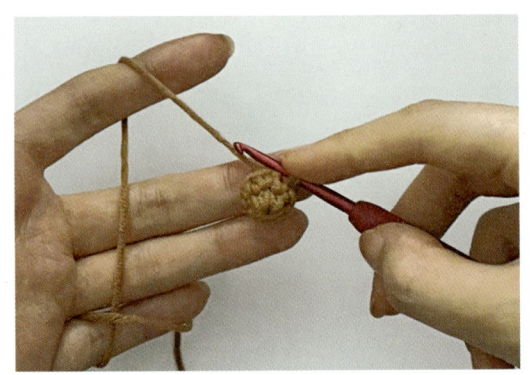

곰돌이 몸통 만들기

1단   매직링 - 짧은뜨기 6 (총 6코)
2단   {짧은뜨기 1 - 짧은뜨기 늘리기 1} * 3번 반복 (총 9코)

5   같은 실로 곰돌이 몸통을 뜹니다. 실을 자르고 돗바늘로 마무리합니다.

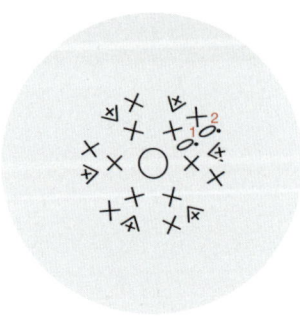

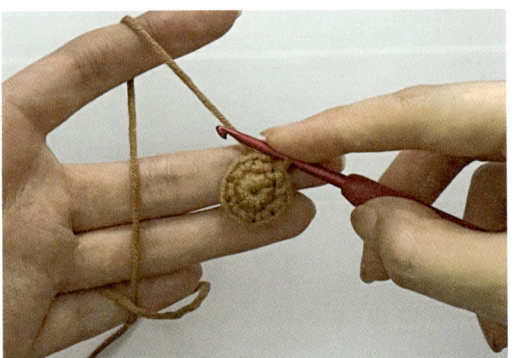

곰돌이 귀와 손발 만들기 및 마무리

1단   매직링 - 짧은뜨기 6 (총 6코)
2단   짧은뜨기 평단(한 코에 짧은뜨기 하나씩 떠주세요) (총 6코)

6 곰돌이의 귀와 손, 발을 뜹니다. 2.0mm 레이스 코바늘과 실 두 가닥을 사용합니다. 실을 자르고 돗바늘로 마무리합니다. 이 과정을 반복해 6개를 떠주세요.
▶ 크기가 차이 나지 않도록 손땀을 일정하게 떠주세요.

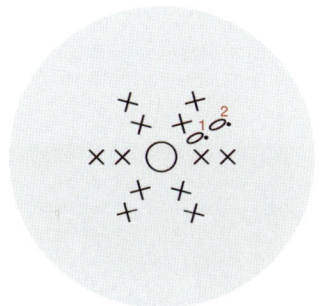
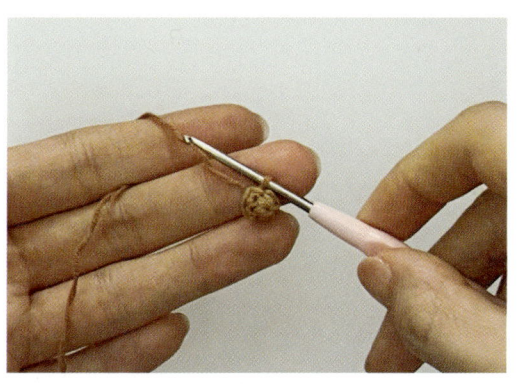

7 컵과 손잡이를 연결합니다. 손잡이 여유 실로 돗바느질해 주세요.

8 순간접착제를 사용해 우유에 곰돌이를 붙입니다. 우유의 여유 실로 컵과 우유를 연결하는데 겉면에 실이 드러나지 않도록 컵 안쪽의 코만 사용하여 연결합니다.

앉아 있는 북극곰

흰색 실로 앉아 있는 귀여운 북극곰을 만들어 봤습니다.
머리와 몸통을 한 번에 뜨고 팔다리와 귀는 따로 떠서 붙이는 방식이에요.
각 부분을 따로 만드는 과정에서 기본기를 탄탄하게 다질 수 있습니다.
하얀 실로 만든 북극곰의 순수하고 평화로운 느낌은 보기만 해도 힐링이 됩니다.

기본 정보

사용 실   착하면 001(스노우), 049(블랙)
사용 도구   모사용 코바늘 5호(3.0mm), 돗바늘, 가위

주의 사항

• 모든 단의 시작은 기둥사슬 1코이며, 모든 단의 마지막은 첫 코에 빼뜨기로 마무리합니다.

팔 만들기

1단   매직링 - 짧은뜨기 8 (총 8코)
2~4단   짧은뜨기 평단(한 코에 짧은뜨기 하나씩 떠주세요) (총 8코)
5단   {짧은뜨기 2 - 짧은뜨기 줄이기 1} * 2번 반복 (총 6코)
  ◎ 팔에 솜을 약간 채운 후 편물을 반으로 접어 이어 뜹니다.
6단   짧은뜨기 3 (총 3코)

1   스노우 실로 팔부터 뜹니다. 5단까지 뜨고 팔에 솜을 채운 후 이어 뜹니다. 사슬뜨기를 하나 떠준 후 여유 실을 남겨 잘라 마무리합니다.

2   1의 과정을 반복해 2개의 팔을 만들어주세요.
◎ 크기가 차이 나지 않도록 손땀을 일정하게 떠주세요.

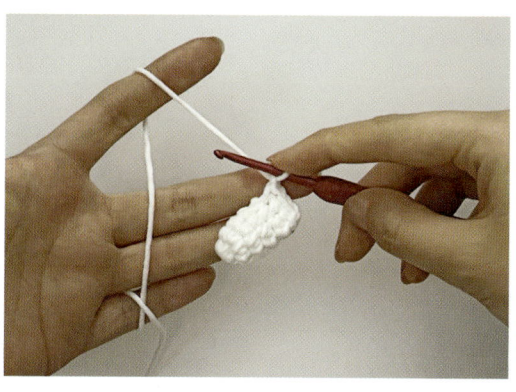

머리와 몸통 만들기

1단	매직링 - 짧은뜨기 6 (총 6코)
2단	짧은뜨기 늘리기 6 (총 12코)
3단	{짧은뜨기 1 - 짧은뜨기 늘리기 1} * 6번 반복 (총 18코)
4단	{짧은뜨기 늘리기 1 - 짧은뜨기 2} * 6번 반복 (총 24코)
5~7단	짧은뜨기 평단(한 코에 짧은뜨기 하나씩 떠주세요) (총 24코)
8단	{짧은뜨기 줄이기 1 - 짧은뜨기 2} * 6번 반복 (총 18코)
9단	짧은뜨기 6 - (팔 하나 가져와서) 짧은뜨기 3 - (팔 하나 가져와서) 짧은뜨기 3 - 짧은뜨기 6 (총 18코)
10단	{짧은뜨기 늘리기 1 - 짧은뜨기 2} * 6번 반복 (총 24코)
11단	{짧은뜨기 3 - 짧은뜨기 늘리기 1} * 6번 반복 (총 30코)
12~14단	짧은뜨기 평단(한 코에 짧은뜨기 하나씩 떠주세요) (총 30코)
15단	{짧은뜨기 3 - 짧은뜨기 줄이기 1} * 6번 반복 (총 24코)
16단	{짧은뜨기 줄이기 1 - 짧은뜨기 2} * 6번 반복 (총 18코)
	◯ 뜨기를 잠시 멈춥니다.
17단	{짧은뜨기 1 - 짧은뜨기 줄이기 1} * 6번 반복 (총 12코)
18단	짧은뜨기 줄이기 6 (총 6코)

3 같은 실로 머리와 몸통을 뜹니다.

4 16단까지 뜬 후 블랙 실 두 가닥을 사용해 눈과 코 모양의 자수를 놓고 머리와 몸통에 솜을 채워 넣습니다. 눈은 5단과 6단 사이, 코는 6단과 7단 사이에 자수를 놓아주세요.

5 이후 몸통을 이어 뜹니다. 실을 자르고 돗바늘로 마무리합니다.

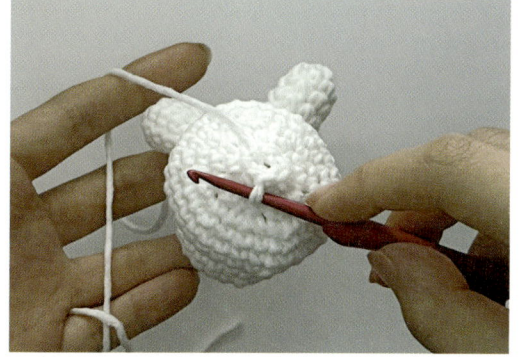

귀 만들기

1단   매직링 - 짧은뜨기 6 (총 6코)
2단   짧은 뜨기 평단 (한 코에 짧은뜨기 하나씩 떠주세요) (총 6코)

6   같은 실로 귀를 뜹니다. 여유 실을 남겨 자르고 돗바늘로 마무리합니다.

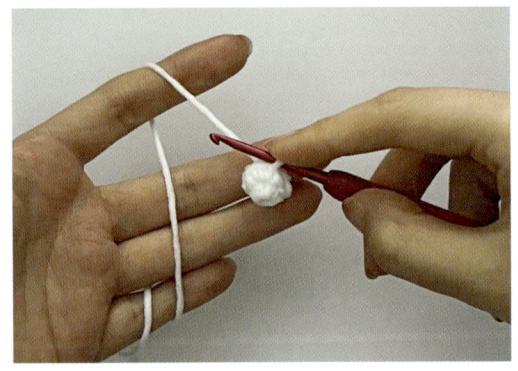

7   과정을 반복해 총 2개의 귀를 만들어주세요.

◉ 크기가 차이 나지 않도록 손땀을 일정하게 떠주세요.

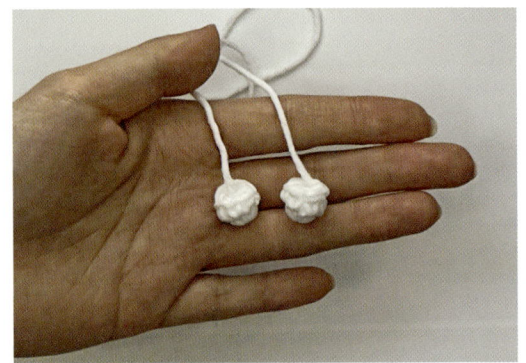

다리 만들기 및 마무리

1단　　매직링 - 짧은뜨기 8 (총 8코)
2~4단　짧은뜨기 평단(한 코에 짧은뜨기 하나씩 떠주세요) (총 8코)
　　　　▶ 다리에 솜을 채운 후 편물을 반으로 접어 이어 뜹니다.
5단　　짧은뜨기 4 (총 4코)

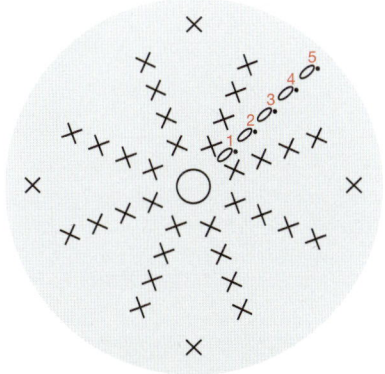

8 같은 실로 다리를 뜹니다. 4단까지 뜬 후 솜을 채우고 편물을 반으로 접어 이어 뜹니다. 사슬뜨기를 하나 떠준 후 여유 실을 남겨 자르고 돗바늘로 마무리합니다.

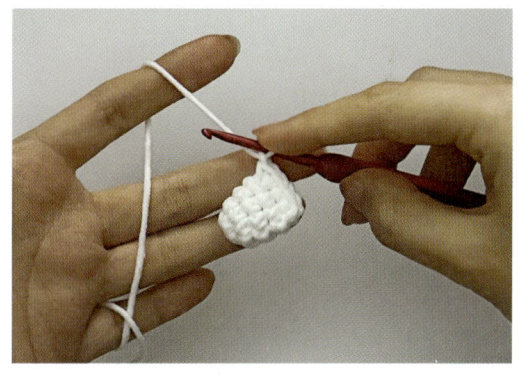

9 과정을 반복해 2개의 다리를 만들어주세요.
▶ 크기가 차이 나지 않도록 손땀을 일정하게 떠주세요.

10 귀와 다리 모두 여유 실 두 가닥만 사용해 감침질합니다. 다리와 팔 모두 몸통 쪽에 붙여 돗바늘로 마무리해 주세요.

딸기 타르트 곰돌이

달콤한 딸기 타르트를 곰돌이 캐릭터로 만들었어요.
퐁실한 크림 위에 귀를 달아 사랑스러운 곰돌이 타르트를 완성했답니다.
타르트지는 짧은뜨기로 떠서 단순하지만 마지막 타르트 무늬 표현 과정에서
디테일한 기법이 들어가 완성도 높은 인형입니다.
디저트를 좋아하거나 베이킹에 관심이 있는 사람에게 완벽한 선물이 되어줄 거예요.

기본 정보

사용 실 착하면 002(크림바닐라), 015(카멜), 034(샐러리), 049(블랙), 053(밝은빨강)

사용 도구 모사용 코바늘 5호(3.0mm), 돗바늘, 가위, 솜, 순간접착제

주의 사항

• 모든 단의 시작은 기둥사슬 1코이며, 모든 단의 마지막은 첫 코에 빼뜨기로 마무리합니다.

타르트지 만들기

1단 매직링 - 짧은뜨기 6 (총 6코)
2단 짧은뜨기 늘리기 6 (총 12코)
3단 {짧은뜨기 1 - 짧은뜨기 늘리기 1} * 6번 반복 (총 18코)
4단 {짧은뜨기 늘리기 1 - 짧은뜨기 2} * 6번 반복 (총 24코)
5단 {짧은뜨기 3 - 짧은뜨기 늘리기 1} * 6번 반복 (총 30코)
6단 {짧은뜨기 1 - 짧은뜨기 늘리기 1 - 짧은뜨기 3} * 6번 반복 (총 36코)
7단 {짧은뜨기 5 - 짧은뜨기 늘리기 1} * 6번 반복 (총 42코)
8단 (뒷이랑뜨기) 짧은뜨기 평단(한 코에 짧은뜨기 하나씩 떠주세요) (총 42코)
9단 짧은뜨기 평단(한 코에 짧은뜨기 하나씩 떠주세요) (총 42코)

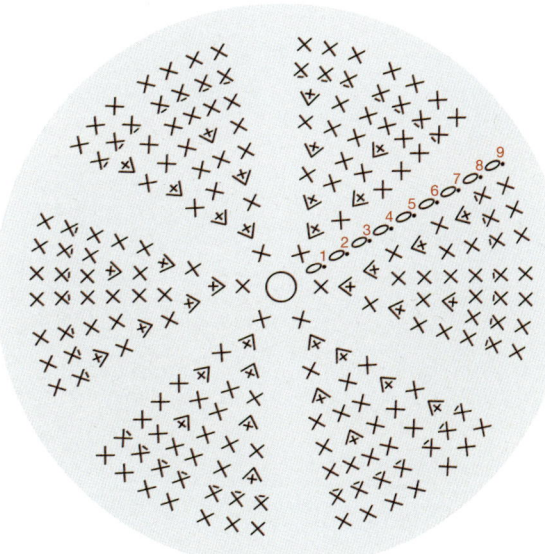

1 카멜 실로 타르트지를 뜹니다. 120cm 정도 여유 실을 길게 남겨 자른 후 돗바늘로 마무리합니다.

2 타르트지의 여유 실로 무늬를 만듭니다. 한 코에 돗바늘을 두세 번 통과시켜 모양을 냅니다. 이때 실을 너무 꽉 당기지 않도록 주의해 주세요.

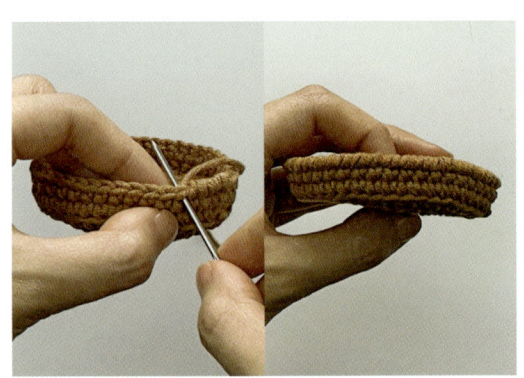

크림 곰돌이 만들기

- 1단   매직링 - 짧은뜨기 6 (총 6코)
- 2단   짧은뜨기 늘리기 6 (총 12코)
- 3단   {짧은뜨기 1 - 짧은뜨기 늘리기 1} * 6번 반복 (총 18코)
- 4단   {짧은뜨기 늘리기 1 - 짧은뜨기 2} * 6번 반복 (총 24코)
- 5단   {짧은뜨기 3 - 짧은뜨기 늘리기 1} * 6번 반복 (총 30코)
- 6단   {짧은뜨기 1 - 짧은뜨기 늘리기 1 - 짧은뜨기 3} * 6번 반복 (총 36코)
- 7~12단   짧은뜨기 평단(한 코에 짧은뜨기 하나씩 떠주세요) (총 36코)

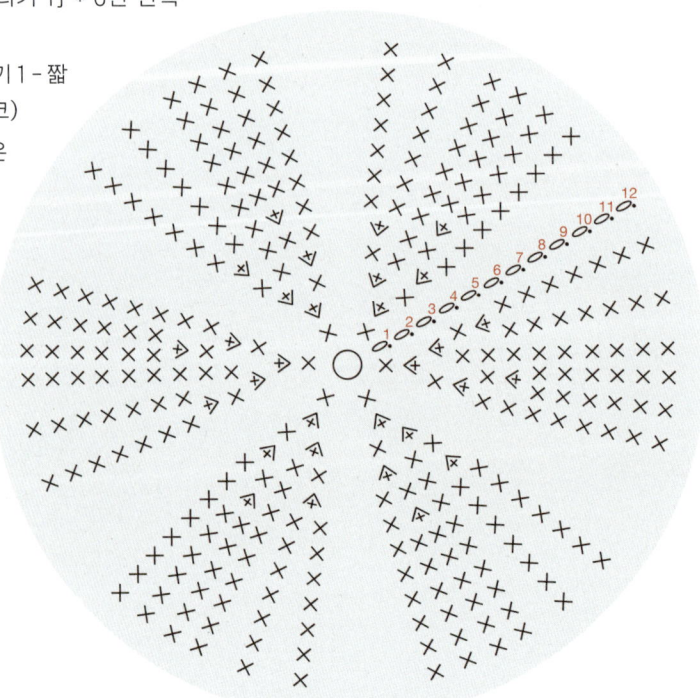

3 크림바닐라 실로 크림 곰돌이를 뜹니다. 여유 실을 남겨 자르고 돗바늘로 마무리합니다.

◎ 여유 실은 타르트지와 연결할 때 사용합니다.

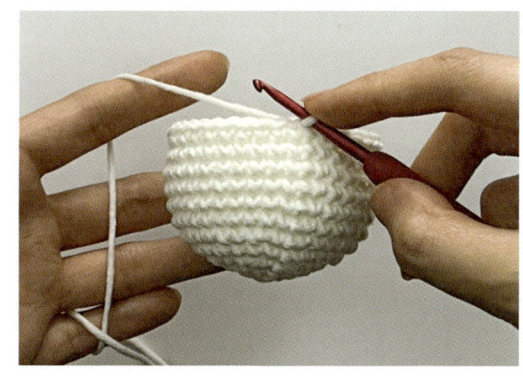

곰돌이 귀 만들기

1단 매직링 - 짧은뜨기 6 (총 6코)
2단 {짧은뜨기 1 - 짧은뜨기 늘리기 1} * 3번 반복 (총 9코)
3단 짧은뜨기 평단 (한 코에 짧은뜨기 하나씩 떠주세요) (총 9코)

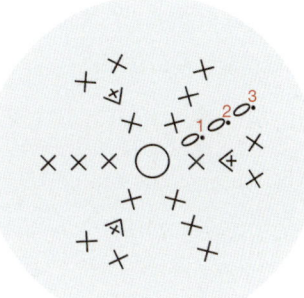

4 같은 실로 곰돌이 귀를 뜹니다. 여유 실을 남겨 자르고 돗바늘로 마무리합니다.

5 과정을 반복해 총 2개의 귀를 만들어주세요.

◎ 크기가 차이 나지 않도록 손땀을 일정하게 떠주세요.

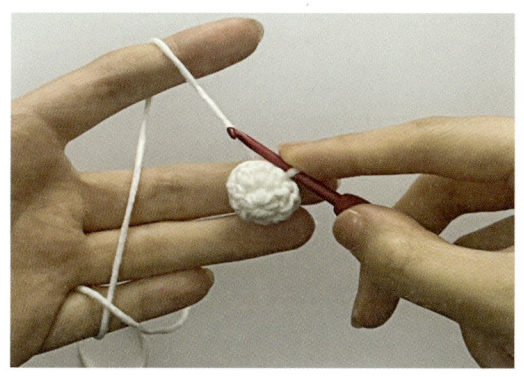
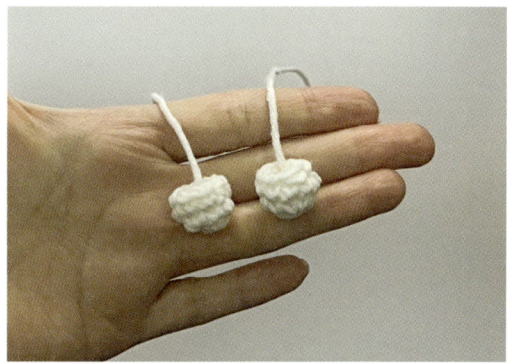

6 블랙 실 두 가닥만 사용해 크림에 눈과 코를 자수 놓아주세요. 눈은 6단과 7단 사이, 코는 7단과 8단 사이에 자수 놓습니다.

7 크림에 솜을 채운 후 여유 실을 활용해 돗바늘로 타르트지와 연결합니다. 타르트지 바깥으로 티가 나지 않도록 안쪽 코들만 사용해 연결해 주세요.

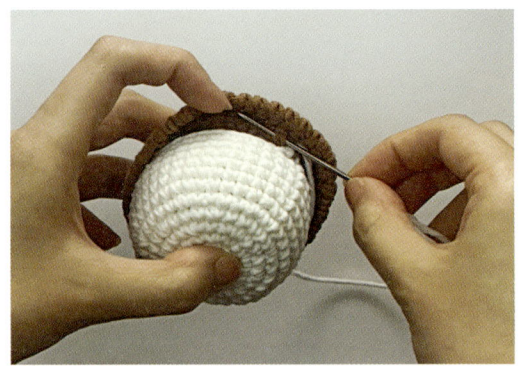

8 귀를 크림과 연결합니다. 귀에 솜을 채운 후 여유 실 두 가닥을 사용해 감침질합니다.

딸기 만들기

1단 매직링- 짧은뜨기 5 (총 5코)
2단 짧은뜨기 늘리기 5 (총 10코)
3~4단 평단(한 코에 짧은뜨기 한 개씩 떠주세요) (총 10코)
5단 짧은뜨기 줄이기 5 (총 5코)

9 밝은빨강 실로 딸기를 뜹니다. 딸기에 솜을 채운 후 실을 자르고 돗바늘로 마무리합니다.

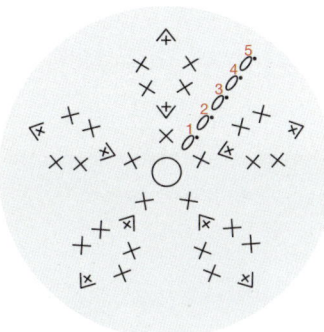

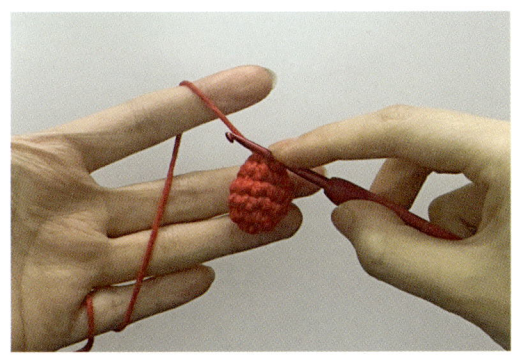

딸기 잎 만들기 및 마무리

1단 매직링 - {사슬뜨기 3 - (매직링 구멍에) 빼뜨기 1} * 5번 반복

10 샐러리 실로 딸기 잎을 뜹니다. 실을 자르고 돗바늘로 마무리합니다.

11 딸기와 잎을 순간접착제로 연결한 후 크림 위에 붙여줍니다.

딸기 오믈렛 곰돌이

폭신한 빵 사이에 생크림 곰돌이가 포근하게 들어가 있는 모습으로,
하나하나 뜨고 쌓아가며 완성하는 과정이 케이크를 만드는 기분이 들어요.
곰돌이 크림이 단순한 디저트에 귀여운 생명력을 더해줍니다.
색 조합에 따라 초코 오믈렛이나 블루베리 버전 등 다양하게 표현할 수 있는 재미도 있어요.

기본 정보

사용 실 착하면 002(크림바닐라), 003(살구), 015(카멜), 034(샐러리), 049(블랙), 053(밝은빨강)

사용 도구 모사용 코바늘 5호(3.0mm), 돗바늘, 가위, 솜, 순간접착제

주의 사항

• 모든 단의 시작은 기둥사슬 1코이며, 모든 단의 마지막은 첫 코에 빼뜨기로 마무리합니다.

빵 만들기

1단	매직링 - 짧은뜨기 6 (총 6코)
2단	짧은뜨기 늘리기 6 (총 12코)
3단	{짧은뜨기 1 - 짧은뜨기 늘리기 1} * 6번 반복 (총 18코)
4단	{짧은뜨기 늘리기 1 - 짧은뜨기 2} * 6번 반복 (총 24코)
5단	{짧은뜨기 3 - 짧은뜨기 늘리기 1} * 6번 반복 (총 30코)
6단	{짧은뜨기 1 - 짧은뜨기 늘리기 1 - 짧은뜨기 3} * 6번 반복 (총 36코)
7단	{짧은뜨기 5 - 짧은뜨기 늘리기 1} * 6번 반복 (총 42코)
8단	{짧은뜨기 2 - 짧은뜨기 늘리기 1 - 짧은뜨기 4} * 6번 반복 (총 48코)
9단	{짧은뜨기 7 - 짧은뜨기 늘리기 1} * 6번 반복 (총 54코)
10단	{짧은뜨기 7 - 짧은뜨기 줄이기 1} * 6번 반복 (총 48코)

▶ 9단과 10단은 살구 실로 바꿔 뜹니다.

11단	{짧은뜨기 2 - 짧은뜨기 줄이기 1 - 짧은뜨기 4} * 6번 반복 (총 42코)
12단	{짧은뜨기 5 - 짧은뜨기 줄이기 1} * 6번 반복 (총 36코)
13단	{짧은뜨기 1 - 짧은뜨기 줄이기 1 - 짧은뜨기 3} * 6번 반복 (총 30코)

1 카멜 실로 빵을 뜹니다.

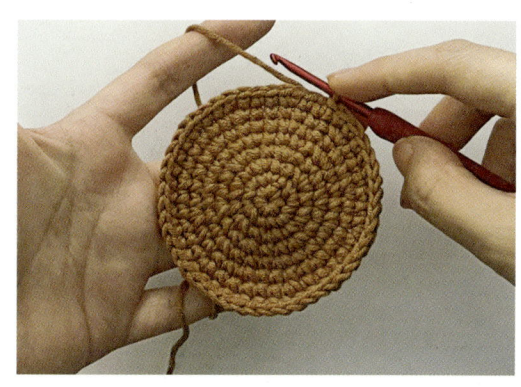

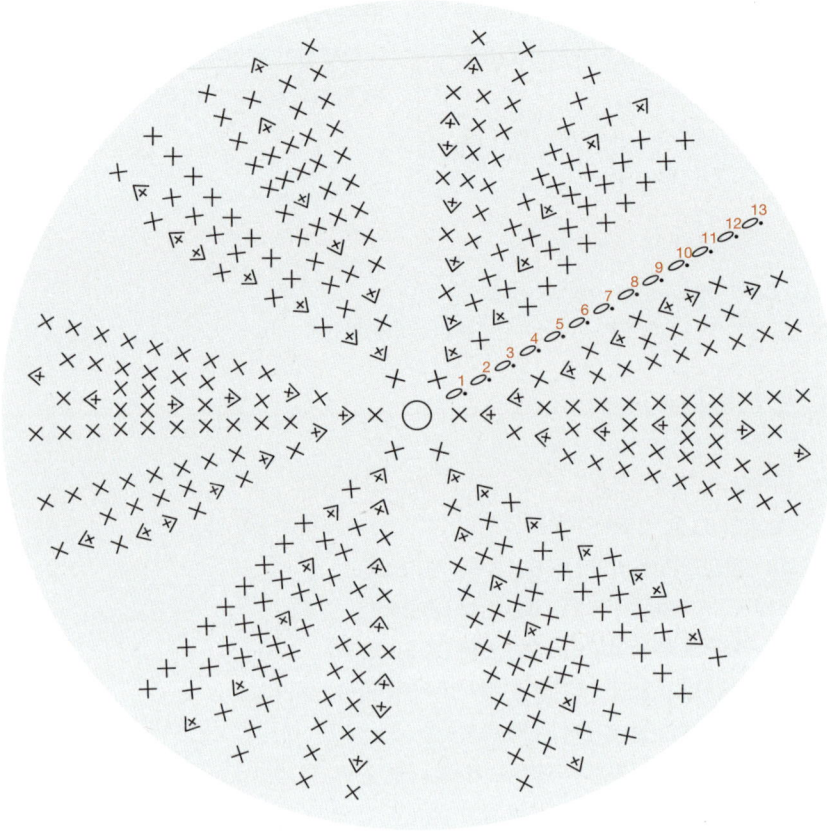

2 9단과 10단은 살구 실로 바꿔 뜹니다.

3 11단부터는 카멜 실로 바꿔 이어 뜹니다. 실을 자르고 돗바늘로 마무리합니다.

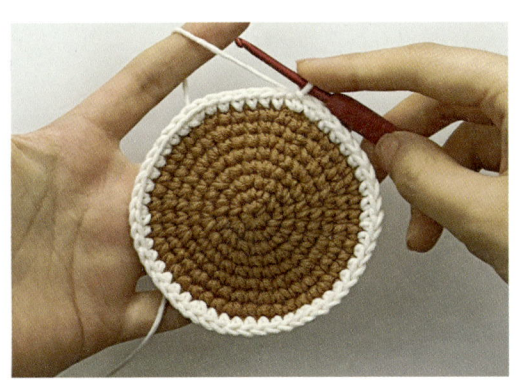

크림 곰돌이 만들기

1단	매직링 - 짧은뜨기 6 (총 6코)
2단	짧은뜨기 늘리기 6 (총 12코)
3단	{짧은뜨기 1 - 짧은뜨기 늘리기 1} * 6번 반복 (총 18코)
4단	{짧은뜨기 늘리기 1 - 짧은뜨기 2} * 6번 반복 (총 24코)
	◎ 뜨기를 잠시 멈춥니다.
5~14단	평단(한 코에 짧은뜨기 하나씩 떠주세요) (총 24코)
15단	{짧은뜨기 줄이기 1 - 짧은뜨기 2} * 6번 반복 (총 18코)
16단	{짧은뜨기 1 - 짧은뜨기 줄이기 1} * 6번 반복 (총 12코)
	◎ 속에 솜을 채워준 후 이어 뜹니다.
17단	짧은뜨기 줄이기 6 (총 6코)

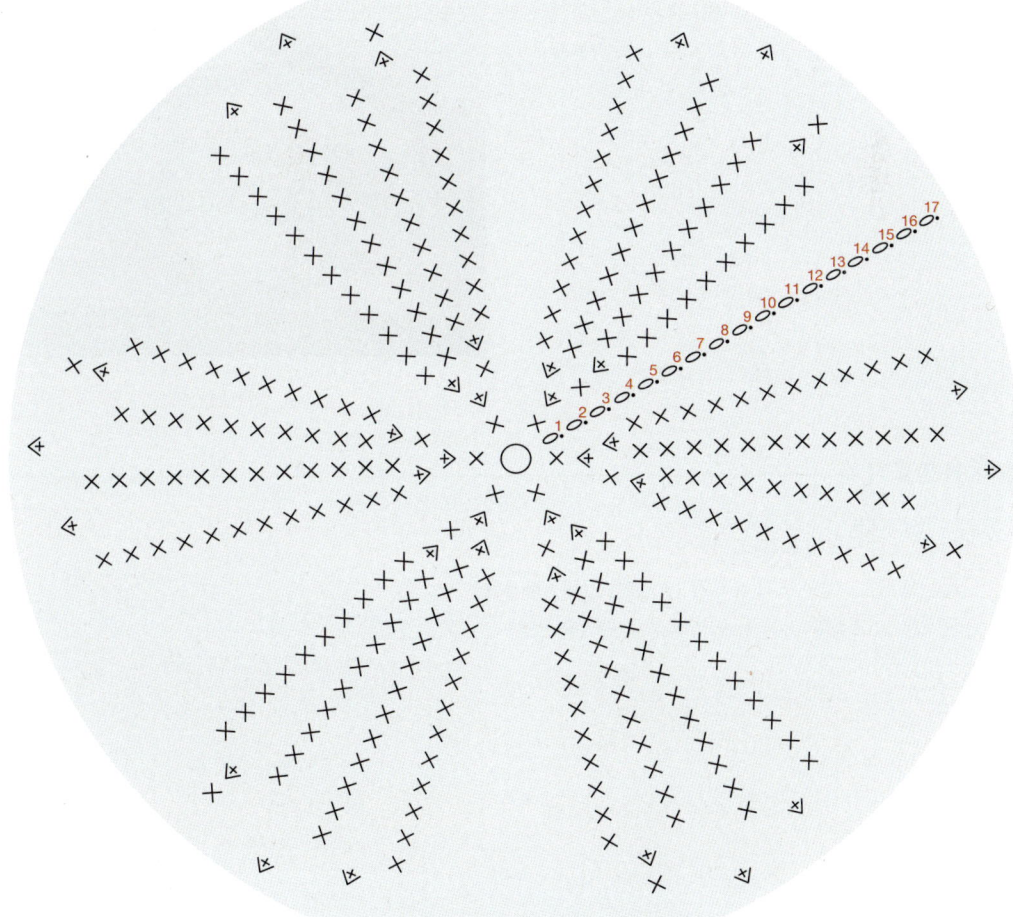

4 크림바닐라 실로 4단까지 크림 곰돌이를 뜹니다.

5 블랙 실 두 가닥만 사용해 매직링 구멍에 코를, 1단과 2단 사이에는 눈을 자수 놓습니다.

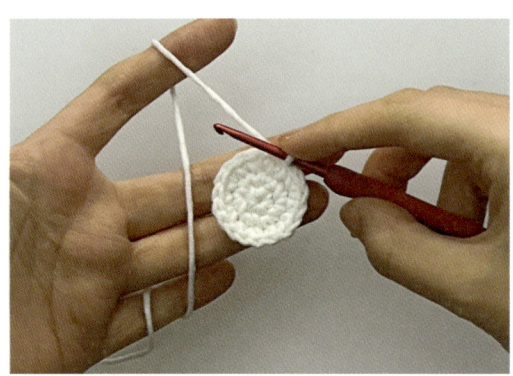

6 5단부터 크림 곰돌이를 이어 뜹니다. 16단까지 뜨고 솜을 채운 후 이어 뜹니다. 실을 자르고 돗바늘로 마무리합니다.

곰돌이 귀 만들기

1단	매직링 - 짧은뜨기 6 (총 6코)
2단	{짧은뜨기 1 - 짧은뜨기 늘리기 1} *3번 반복 (총 9코)
3단	평단(한 코에 짧은뜨기 하나씩 떠주세요) (총 9코)

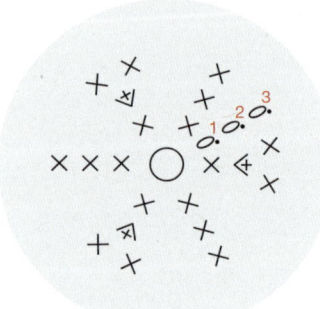

7 곰돌이 귀를 뜹니다. 여유 실을 남겨 자르고 돗바늘로 마무리합니다. 과정을 반복하여 2개의 귀를 떠주세요.

🔹 크기가 차이 나지 않도록 손땀을 일정하게 떠주세요.

8 귀에 솜을 살짝 채운 후 여유 실 두 가닥만 사용해 곰돌이에 감침질합니다. 남는 실은 솜 대신 귀에 채워주세요.

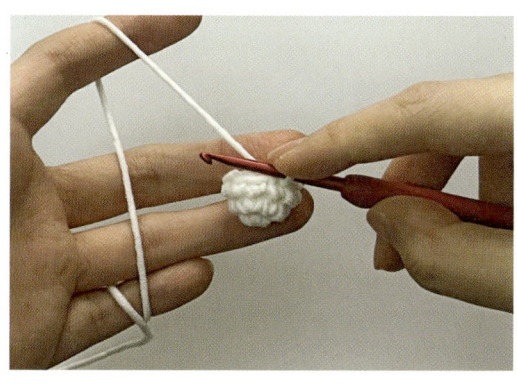

딸기 만들기

1단	매직링- 짧은뜨기 5 (총 5코)
2단	짧은뜨기 늘리기 5 (총 10코)
3~4단	평단(한 코에 짧은뜨기 한 개씩 떠주세요) (총 10코)
5단	짧은뜨기 줄이기 5 (총 5코)

9 밝은빨강 실로 딸기를 뜹니다. 속에 솜을 채운 후 실을 자르고 돗바늘로 마무리합니다.

딸기 잎 만들기 및 마무리

1단   매직링 - {사슬뜨기 3 - (매직링 구멍에) 빼뜨기 1} * 5번 반복

10 샐러리 실로 딸기 잎을 뜹니다. 실을 자르고 돗바늘로 마무리합니다.

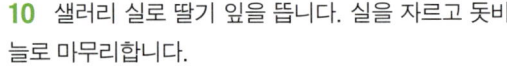

11 딸기와 잎을 순간접착제로 연결한 후 곰돌이 등에 붙여줍니다.

12 빵과 곰돌이의 양옆을 순간접착제로 고정해 마무리합니다.

멜론 소다 곰돌이

톡 쏘는 멜론 소다를 닮은 귀여운 곰돌이 인형입니다.
긴 유리잔 안에 쏙 들어간 시원하고 상큼한 모습으로 디자인했어요.
실의 색을 다르게 만들어 음료와 컵의 경계를 구분했어요.
자연스럽게 실 색을 바꾸는 연습을 해 볼 수 있는 작품입니다.
상큼한 멜론 소다를 떠올리며 기분 좋게 만들어 보세요!

기본 정보

사용 실　착하면 001(스노우), 002(크림바닐라), 049(블랙), 053(밝은빨강), 해피코튼 784(연카키라임)

사용 도구　모사용 코바늘 5호(3.0mm), 돗바늘, 가위, 솜, 순간접착제

주의 사항

- 모든 단의 시작은 기둥사슬 1코이며, 모든 단의 마지막은 첫 코에 빼뜨기로 마무리합니다.

멜론 소다 컵 만들기

1단	매직링 - 짧은뜨기 6 (총 6코)
2단	짧은뜨기 늘리기 6 (총 12코)
3단	{짧은뜨기 1 - 짧은뜨기 늘리기 1} * 6번 반복 (총 18코)
4단	{짧은뜨기 늘리기 1 - 짧은뜨기 2} * 6번 반복 (총 24코)
5단	뒷이랑뜨기 {짧은뜨기 줄이기 1 - 짧은뜨기 2} * 6번 반복 (총 18코)

> 뒷이랑뜨기에서 반 코와 그 뒤의 실 한 가닥을 걸어 같이 뜨면 편물이 더 확실하게 접힙니다.

6단	{짧은뜨기 1 - 짧은뜨기 줄이기 1} * 6번 반복 (총 12코)
7단	{짧은뜨기 1 - 짧은뜨기 줄이기 1} * 4번 반복 (총 8코)
8~9단	짧은뜨기 평단 (총 8코)

> 마지막 짧은뜨기에서 연카키라임 실로 바꿔 떠줍니다. 스노우 실은 여유 있게 잘라 같이 떠주면서 숨겨주세요.

10단	앞이랑뜨기 {짧은뜨기 1 - 짧은뜨기 늘리기 1} * 4번 반복 (총 12코)
11단	짧은뜨기 늘리기 12 (총 24코)
12단	{짧은뜨기 3 - 짧은뜨기 늘리기 1} * 6번 반복 (총 30코)
13~15단	짧은뜨기 평단(한 코에 짧은뜨기 하나씩 떠주세요) (총 30코)
16단	{짧은뜨기 4 - 짧은뜨기 줄이기 1} * 5번 반복 (총 25코)
17~20단	짧은뜨기 평단 (총 25코)
21단	{짧은뜨기 3 - 짧은뜨기 줄이기 1} * 5번 반복 (총 20코)
22~26단	짧은뜨기 평단 (총 20코)

> 마지막 짧은뜨기에서 스노우 실로 바꿔 이어 뜹니다. 연카키라임 실은 여유 있게 잘라 같이 떠주면서 숨겨주세요.

27단	짧은뜨기 평단(한 코에 짧은뜨기 하나씩 떠주세요) (총 20코)
28단	{짧은뜨기 1 - 짧은뜨기 늘리기 1} * 10번 반복 (총 30코)

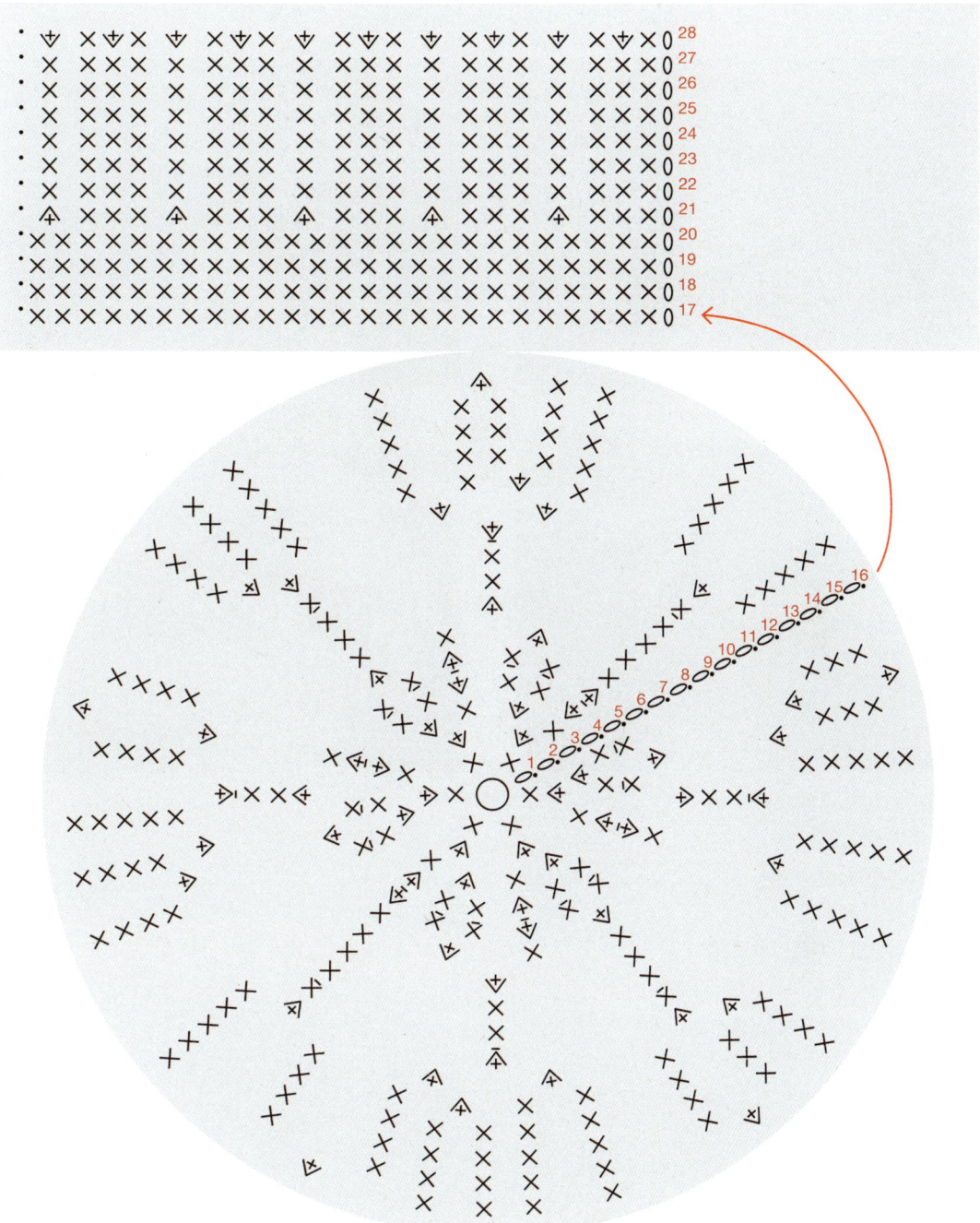

1 스노우 실로 시작해 멜론 소다 컵을 뜹니다. 실을 자르고 돗바늘로 마무리한 후 컵에 솜을 채워주세요.

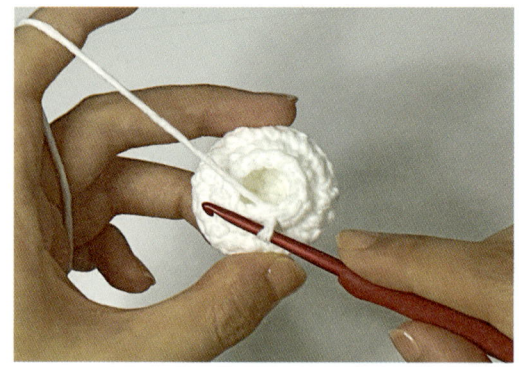
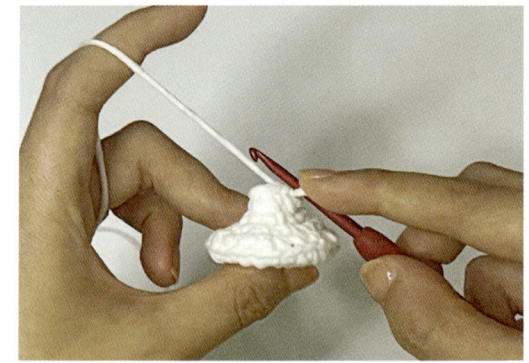

아이스크림 곰돌이 만들기

1단 　매직링 - 짧은뜨기 6 (총 코)
2단 　짧은뜨기 늘리기 6 (총 12코)
3단 　{짧은뜨기 1 - 짧은뜨기 늘리기 1} * 6번 반복 (총 18코)
4단 　{짧은뜨기 늘리기 1 - 짧은뜨기 2} * 6번 반복 (총 24코)
5~7단 평단(한 코에 짧은뜨기 하나씩 해주세요) (총 24코)
8단 　{짧은뜨기 4 - 짧은뜨기 줄이기 1} * 4번 반복 (총 20코)

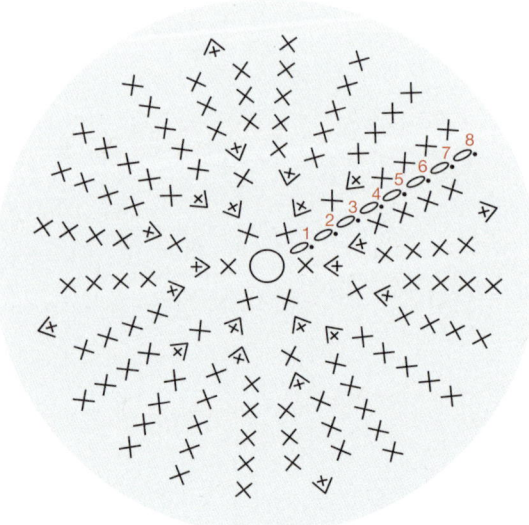

2 크림바닐라 실로 소다 위에 올라갈 아이스크림 곰돌이를 뜹니다. 실을 여유 있게 자르고 돗바늘로 마무리합니다.

◉ 여유 실은 멜론 소다 컵과 연결할 때 사용합니다.

3 블랙 실 두 가닥으로 눈, 코 부분에 자수를 놓아줍니다. 눈은 5단과 6단 사이, 코는 6단과 7단 사이에 자수를 놓고 아이스크림 속에 솜을 채워 넣어주세요.

4 여유 실 두 가닥만 사용해 감침질한 후 컵과 연결합니다. 사용하지 않은 가닥실은 아이스크림 속으로 넣어주세요. 감침질하는 실이 겉으로 티가 나지 않도록 안쪽에서만 감침질합니다.

곰돌이 손 만들기

1단 매직링 - 짧은뜨기 5 (총 5코)
2단 짧은뜨기 평단(한 코에 짧은뜨기 하나씩 떠주세요) (총 5코)

5 크림바닐라 실로 곰돌이의 손을 뜹니다. 돗바늘로 마무리한 후 실 두 가닥만 사용해 감침질합니다. 사용하지 않은 남은 실은 솜 대신 손에 채워줍니다.

6 과정을 반복해 2개의 손을 떠준 후 곰돌이에 연결합니다.

⊙ 크기가 차이 나지 않도록 손땀을 일정하게 떠주세요.

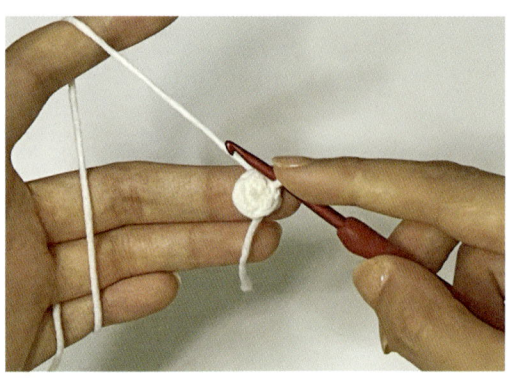

곰돌이 귀 만들기

1단 매직링 - 짧은뜨기 7 (총 7코)
2단 짧은뜨기 평단(한 코에 짧은뜨기 하나씩 떠주세요) (총 7코)

7 같은 실로 곰돌이의 귀를 뜹니다. 돗바늘로 마무리한 후 실 두 가닥만 사용해 감침질합니다. 사용하지 않은 남은 실은 솜 대신 귀에 채워줍니다.

8 과정을 반복해 2개의 귀를 떠준 후 곰돌이에 연결합니다.

⊙ 크기가 차이 나지 않도록 손땀을 일정하게 떠주세요.

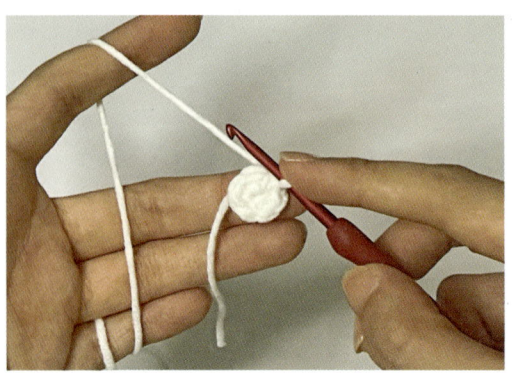

체리 만들기 및 마무리

1단   매직링 - 짧은뜨기 5 (총 5코)
2단   짧은뜨기 늘리기 5 (총 10코)
3단   짧은뜨기 줄이기 5 (총 5코)

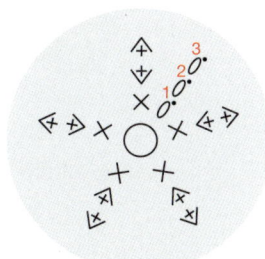

9   밝은빨강 실로 체리를 뜹니다. 실을 여유 있게 자르고 돗바늘로 마무리한 후 매직링 구멍으로 통과시켜 체리 꼭지를 표현합니다. 원하는 길이만큼 자르고 순간접착제로 고정합니다.

10   순간접착제를 이용해 아이스크림 곰돌이 머리에 체리를 붙여 마무리합니다.

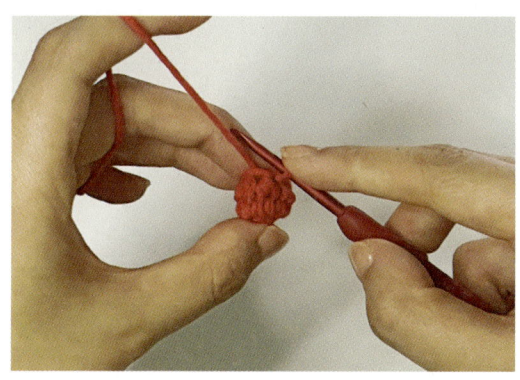

과일 케이크 곰돌이

케이크 시트를 곰돌이 모양으로 표현한 인형이에요.
샤인머스켓 케이크로 표현해 보았는데 실을 다르게 사용해
딸기나 블루베리 등으로 또 다른 느낌을 줄 수도 있어요.
케이크에 토핑을 얹듯 다양한 과일을 자유롭게 얹을 수 있어 나만의 디저트 인형을 만들 수 있답니다.

기본 정보

사용 실 착하면 002(크림바닐라), 011(개나리), 034(샐러리), 049(블랙)

사용 도구 모사용 코바늘 4호(2.5mm), 5호(3.0mm), 돗바늘, 가위, 솜, 순간접착제

주의 사항

- 케이크 시트는 무사슬 기법을 사용해 뜹니다.
- 크림과 과일은 빼뜨기가 있는 방법을 사용합니다.

케이크 시트 만들기

1단 　매직링 - 한길긴뜨기 12 (총 12코)
2단 　한길긴뜨기 늘리기 12 (총 24코)
3단 　{한길긴뜨기 1 - 한길긴뜨기 늘리기 1} * 12번 반복 (총 36코)
4단 　빼뜨기 1 - 한 코 건너뛰기 - (긴뜨기 1 - 한길긴뜨기 4 - 긴뜨기 1) - 한 코 건너뛰기 - 빼뜨기 6 - 한 코 건너뛰기 - (긴뜨기 1 - 한길긴뜨기 4 - 긴뜨기 1) - 한 코 건너뛰기 - 빼뜨기 3 - 짧은뜨기 2 - 짧은뜨기 늘리기 1 - 긴뜨기 2 - 긴뜨기 늘리기 1 - 짧은뜨기 2 - 짧은뜨기 늘리기 2 - 짧은뜨기 2 - 긴뜨기 늘리기 1 - 긴뜨기 2 - 짧은뜨기 늘리기 1 - 짧은뜨기 2 - 빼뜨기 2 (총 48코)

▶ 소괄호는 한 코에 뜹니다.
▶ 빼뜨기는 손에 힘을 풀고 널널하게 떠주세요.

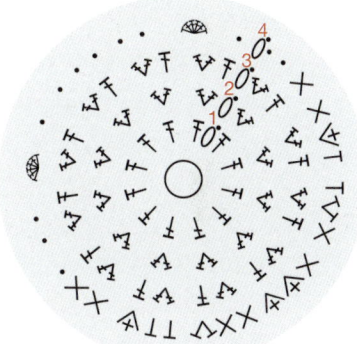

1　개나리 실을 사용해 4호 코바늘로 케이크 시트를 뜹니다. 실을 자르고 돗바늘로 마무리합니다.

2　과정을 반복해 2개의 시트를 만들어주세요.

▶ 크기가 차이 나지 않도록 손땀을 일정하게 떠주세요.

3 시트 윗면 곰돌이의 눈과 코 부분에 자수를 놓아 줍니다. 블랙 실 두 가닥을 사용해 눈은 1, 2단 사이에, 코는 1단 한길긴뜨기 중간쯤에 자수를 놓아주세요.

크림 만들기

- 1단   매직링 - 한길긴뜨기 12 (총 12코)
- 2단   한길긴뜨기 늘리기 12 (총 24코)
- 3단   {한길긴뜨기 1 - 한길긴뜨기 늘리기 1} * 12번 반복 (총 36코)
- 4단   (뒷이랑뜨기) 짧은뜨기 평단 (총 36코)
- 5~7단 짧은뜨기 평단 (총 36코)
- 8단   (뒷이랑뜨기) {한길긴뜨기 1 - 한길긴뜨기 줄이기 1} * 12번 반복 (총 24코)
- 9단   한길긴뜨기 줄이기 12 (총 12코)
     ◯ 속에 솜을 채웁니다.
- 10단 짧은뜨기 줄이기 6 (총 6코)

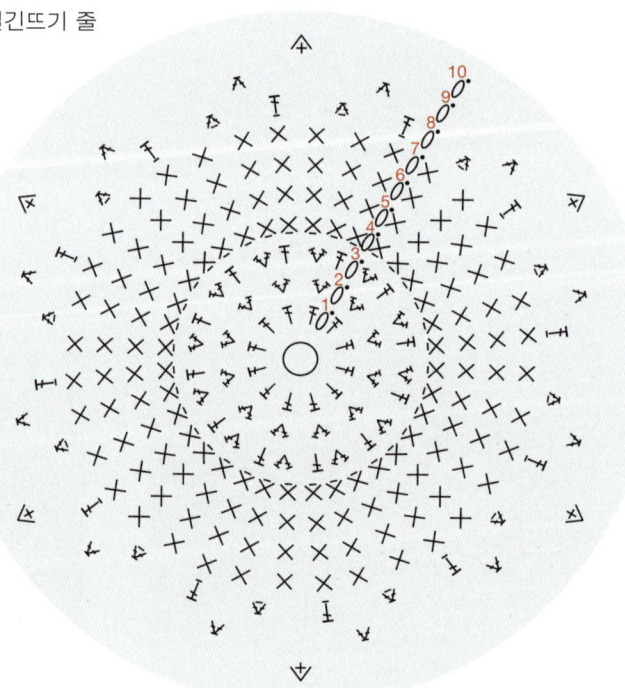

4 크림바닐라 실을 사용해 5호 코바늘로 크림을 뜹니다. 9단까지 뜨고 속에 솜을 채운 후 이어 뜹니다. 실을 자르고 돗바늘로 마무리합니다.

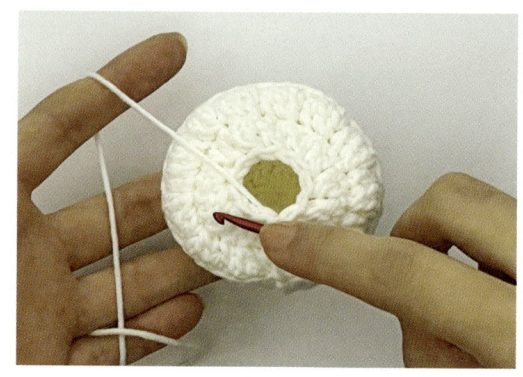

샤인머스켓 만들기 및 마무리

| 1단 | 사슬뜨기 3 - (바늘에서 두 번째 코부터) 짧은뜨기 1 - 짧은뜨기 3코 늘려뜨기 - 짧은뜨기 늘리기 1 (총 6코) |

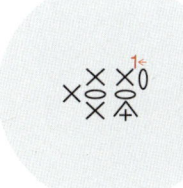

5 샐러리 실로 샤인머스켓을 뜹니다. 실을 자르고 돗바늘로 마무리합니다. 과정을 반복해 7개를 더 떠주세요.

▶ 크기가 차이 나지 않도록 손땀을 일정하게 떠주세요.

6 순간접착제로 케이크 시트와 크림을 연결한 후 크림 부분을 둘러가며 샤인머스켓도 붙여주면 마무리됩니다.

멜론빵 곰돌이

겉은 바삭하고 속은 부드러운 멜론빵을 닮은 멜론빵 곰돌이입니다.
둥글고 푹신한 몸통을 만들고 위에 격자 무늬를 얹어 멜론빵 특유의 느낌을 표현했어요.
팔다리는 작고 통통하게 만들어 귀여움을 더했답니다.
푹신한 빵처럼 포근하고 사랑스러운 인형을 함께 만들어 보아요.

기본 정보

사용 실 해피코튼 784(연카키라임), 착하면 011(개나리), 049(블랙)

사용 도구 모사용 코바늘 5호(3.0mm), 솜, 돗바늘, 가위, 순간접착제

주의 사항

• 무사슬 기법을 기본으로 뜹니다. 손발은 빼뜨기가 있는 방법을 사용해도 됩니다.

멜론빵 만들기

1단	매직링 - 짧은뜨기 6 (총 6코)
2단	짧은뜨기 늘리기 6 (총 12코)
3단	{짧은뜨기 1 - 짧은뜨기 늘리기 1} * 6번 반복 (총 18코)
4단	{짧은뜨기 2 - 짧은뜨기 늘리기 1} * 6번 반복 (총 24코)
5단	{짧은뜨기 3 - 짧은뜨기 늘리기 1} * 6번 반복 (총 30코)
6단	{짧은뜨기 늘리기 1 - 짧은뜨기 4} * 6번 반복 (총 36코)
7단	짧은뜨기 평단(한 코에 짧은뜨기 하나씩 떠주세요) (총 36코)
8단	{짧은뜨기 줄이기 1 - 짧은뜨기 4} * 6번 반복 (총 30코)
9단	{짧은뜨기 2 - 짧은뜨기 줄이기 1 - 짧은뜨기 1} * 6번 반복 (총 24코)
10단	{짧은뜨기 2 - 짧은뜨기 줄이기 1} * 6번 반복 (총 18코)
	◉ 뜨기를 잠시 멈춥니다.
11단	{짧은뜨기 1 - 짧은뜨기 줄이기 1} * 6번 반복 (총 12코)
12단	짧은뜨기 줄이기 6 (총 6코)

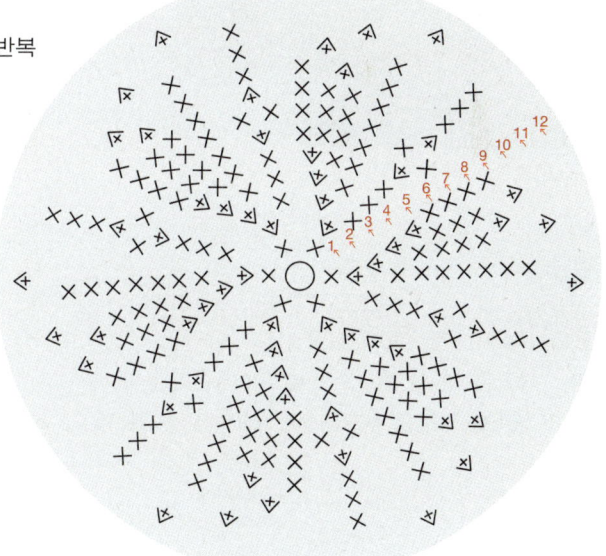

1   연카키라임 실로 멜론빵을 뜹니다.

2   10단까지 뜨고 블랙 실 두 가닥으로 눈과 코 부분에 자수를 놓습니다.

◐ 코는 너무 낮지 않게 위치를 잡아주는 게 더 예뻐요.

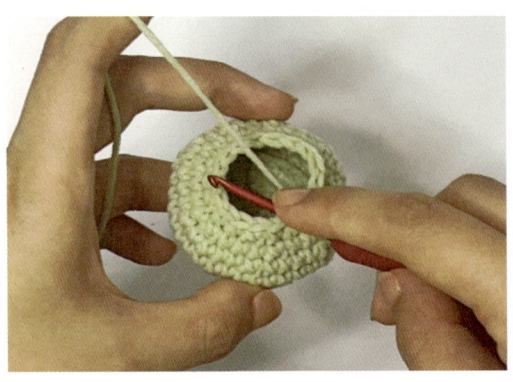

3   개나리 실로 멜론빵 무늬를 표현합니다. 실을 65~70cm 정도 길이로 잘라 바둑판 무늬를 만든 후 빵 속에 솜을 채워주세요.

4   11단부터 멜론빵을 이어 뜹니다. 실을 자르고 돗바늘로 마무리합니다.

귀 만들기

1단   매직링 - 짧은뜨기 6 (총 6코)
2단   {짧은뜨기 1 - 짧은뜨기 늘리기 1} * 3번 반복 (총 9코)
3단   짧은뜨기 평단(한 코에 짧은뜨기 하나씩 떠주세요) (총 9코)

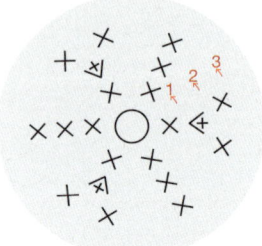

5 같은 실로 귀를 뜹니다. 돗바늘로 마무리한 후 실 두 가닥만 사용해 감침질합니다. 사용하지 않은 남은 가닥실은 솜 대신 귀에 채워 넣습니다.

6 과정을 반복해 2개의 귀를 떠준 후 순간접착제로 빵에 연결합니다.

⊙ 크기가 차이 나지 않도록 손땀을 일정하게 떠주세요.

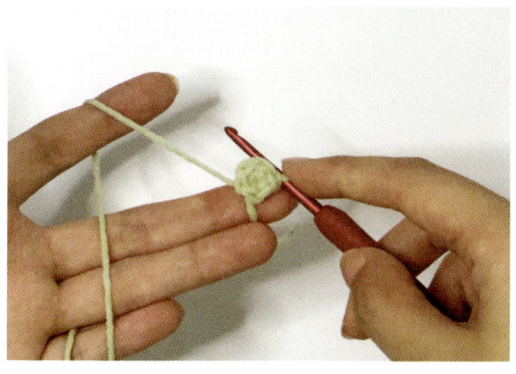
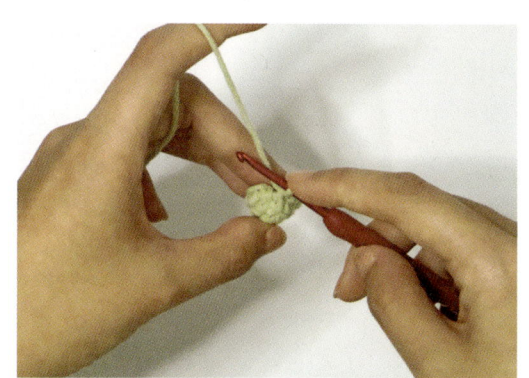

손발 만들기 및 마무리

1단	매직링 - 짧은뜨기 6 (총 6코)
2단	짧은뜨기 늘리기 6 (총 12코)
3단	짧은뜨기 줄이기 6 (총 6코)

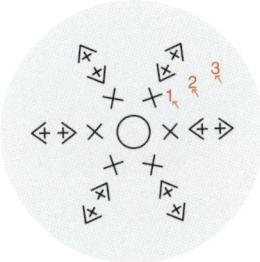

7 같은 실로 손발을 떠주세요. 솜이나 남은 실로 속을 채워준 후 실을 자르고 돗바늘로 마무리합니다. 과정을 반복해 4개를 더 떠주세요.

⊙ 크기가 차이 나지 않도록 손땀을 일정하게 떠주세요.

8 순간접착제로 멜론빵 둘레 원하는 곳에 붙여주세요.

도넛 곰돌이

폭신폭신한 도넛처럼 동글동글한 도넛 곰돌이 인형입니다.
색을 나눠 심플한 도넛에 디테일을 더해 뜨는 재미를 주었습니다.
기본 원형뜨기와 실 색상을 자연스럽게 교체하는 방법을 배울 수 있어요.
완성 후에는 도넛 위에 자신만의 데코를 얹어 특별하게 꾸며 보세요.

기본 정보

사용 실　착하면 009(더진밤), 015(카멜), 049(블랙)
사용 도구　모사용 코바늘 5호(3.0mm), 솜, 돗바늘, 가위, 순간접착제

주의 사항

- 무사슬 기법을 기본으로 사용합니다. 손발은 빼뜨기 방법을 사용해도 됩니다.
- 도넛의 반은 더진밤 실로, 반은 카멜 실로 바꿔가며 뜹니다. 사용하지 않는 실은 함께 잡아 숨겨주며 뜹니다.

도넛 만들기

1단	사슬뜨기 12 - (첫 사슬에 바늘을 넣어 짧은뜨기) 짧은뜨기 12 (총 12코)
2단	{짧은뜨기 1 - 짧은뜨기 늘리기 1} *6번 반복 3코/9코/6코 (총 18코)
	▶ 카멜 실 편물 세 번째 코에서 더진밤 실로 바꾼 후 이어 뜹니다. 음영 표시된 부분을 구분해 가며 카멜 실과 더진밤 실로 번갈아 떠줍니다.
3단	{짧은뜨기 늘리기 1 - 짧은뜨기 2} *6번 반복 3코/12코/9코 (총 24코)
4단	{짧은뜨기 3 - 짧은뜨기 늘리기 1} *6번 반복 2코/15코/13코 (총 30코)
5단	{짧은뜨기 1 - 짧은뜨기 늘리기 1 - 짧은뜨기 3} *6번 반복 1코/18코/17코 (총 36코)
	▶ 마지막 코에서 더진밤 실로 미리 바꿔줍니다.
6단	짧은뜨기 평단 (한 코에 짧은뜨기 하나씩 떠주세요) 18코/18코 (총 36코)
7단	{짧은뜨기 1 - 짧은뜨기 줄이기 1 - 짧은뜨기 3} *6번 반복 14코/15코/1코 (총 30코)
8단	{짧은뜨기 3 - 짧은뜨기 줄이기 1} *6번 반복 11코/12코/1코 (총 24코)
9단	{짧은뜨기 줄이기 1 - 짧은뜨기 2} *6번 반복 7코/9코/2코 (총 18코)
10단	{짧은뜨기 1 - 짧은뜨기 줄이기 1} *6번 반복 4코/6코/2코 (총 12코)

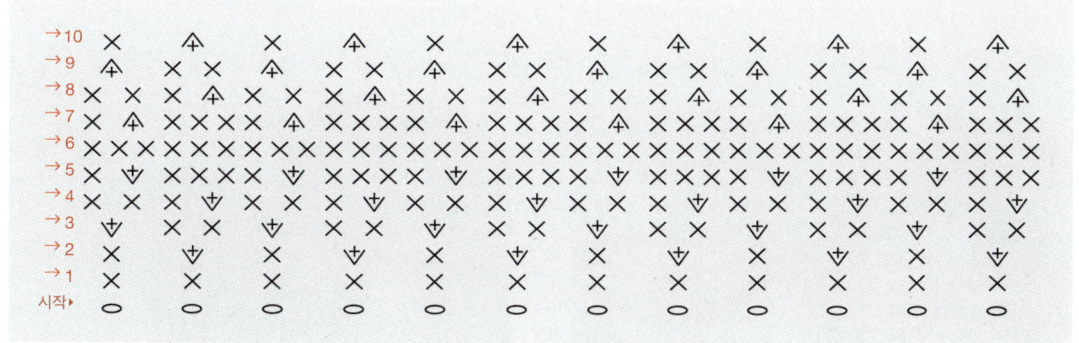

1 카멜 실로 시작해 도넛을 뜹니다. 여유 실을 길게 남기고 잘라주세요.

- 카멜과 더진밤 실을 번갈아 가며 뜹니다.
- 더진밤 실로 뜨는 부분은 서술 도안에 음영으로 표시했습니다.

2 10단이 앞면이 되도록 놓고 블랙 실로 눈은 8, 9단 사이, 코는 9단에 자수를 놓습니다. 돗바늘을 이용해 여유 실을 1단 사슬뜨기 12코에 한 코씩 연결합니다. 중간중간 도넛 안쪽에 솜을 채워주세요.

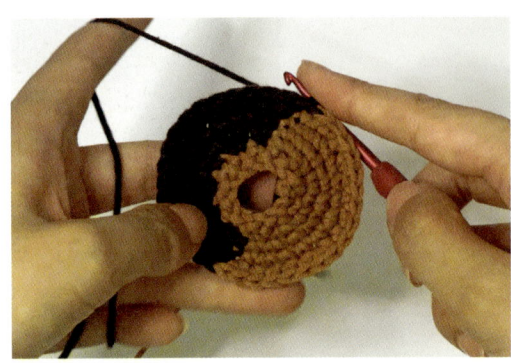

귀 만들기

1단 매직링 - 짧은뜨기 6 (총 6코)
2단 {짧은뜨기 1 - 짧은뜨기 늘리기 1} * 3번 반복 (총 9코)
3단 짧은뜨기 평단(한 코에 짧은뜨기 하나씩 떠주세요) (총 9코)

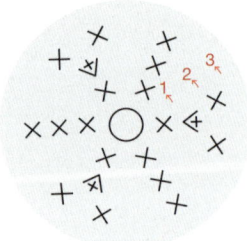

3 카멜 실로 귀를 뜹니다. 돗바늘로 마무리한 후 실 두 가닥을 사용해 감침질합니다. 사용하지 않은 남은 실은 솜 대신 귀에 채워 넣어주세요.

4 과정을 반복해 귀 2개를 떠준 후 순간접착제로 도넛에 연결합니다.

- 크기가 차이 나지 않도록 손땀을 일정하게 떠주세요.

손발 만들기 및 마무리

1단	매직링 - 짧은뜨기 6 (총 6코)
2단	짧은뜨기 늘리기 6 (총 12코)
3단	짧은뜨기 줄이기 6 (총 6코)

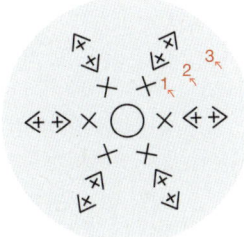

5 같은 실로 손발을 뜹니다. 실을 자르고 돗바늘로 마무리합니다. 과정을 반복해 4개를 떠주세요.

◉ 크기가 차이 나지 않도록 손땀을 일정하게 떠주세요.

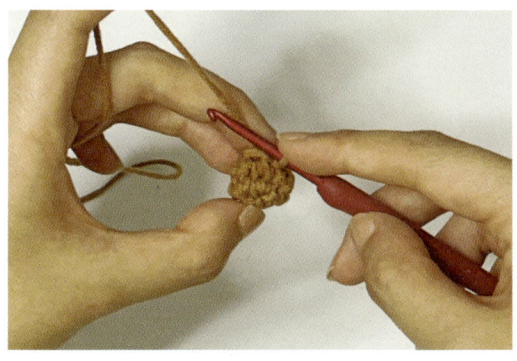

6 순간접착제로 도넛의 원하는 곳에 손발을 붙여주세요.

당고 곰돌이

일본 전통 간식 당고를 모티브로 한 사랑스러운 곰돌이 인형입니다.
분홍색, 흰색, 초록색의 동그란 당고 중 흰색 당고에 귀와 발을 달아 곰돌이로 변신시켰어요.
기본 구 뜨기를 익히며 색상별로 완성하는 재미를 느낄 수 있는 작품입니다.
일본 문화에 관심 있거나 파스텔 컬러를 선호하는 친구들에게 추천하는 작품입니다.

기본 정보

사용 실   착하면 002(크림바닐라), 024(인디핑크), 034(샐러리), 049(블랙)

사용 도구   모사용 코바늘 5호(3.0mm), 솜, 가위, 돗바늘, 순간접착제, 면봉

주의 사항

- 당고 몸통은 무사슬로 진행합니다.
- 당고 귀와 발의 시작은 기둥사슬 1코이며, 모든 단의 마지막은 첫 코에 빼뜨기로 마무리합니다.

당고 만들기

1단	매직링 - 짧은뜨기 6 (총 6코)
2단	짧은뜨기 늘리기 6 (총 12코)
3단	{짧은뜨기 1 - 짧은뜨기 늘리기 1} * 6번 반복 (총 18코)
4~6단	짧은뜨기 평단(한 코에 짧은뜨기 하나씩 떠주세요) (총 18코)
7단	{짧은뜨기 1 - 짧은뜨기 줄이기 1} * 6번 반복 (총 12코)
8단	짧은뜨기 줄이기 6 (총 6코)

1 크림바닐라 실로 시작해 당고를 뜹니다. 속에 솜을 채운 후 실을 자르고 돗바늘로 마무리합니다.

2 과정을 반복해 당고 2개를 더 만들어주세요. 각각 인디핑크, 샐러리 실을 사용해 당고를 만듭니다.
⊙ 크기가 차이 나지 않도록 손땀을 일정하게 떠주세요.

3 흰색 당고에 블랙 실 두 가닥을 사용해 눈과 코를 자수 놓아주세요. 오른쪽 눈은 4단과 5단 사이, 왼쪽 눈은 5단과 6단 사이에, 코는 5단에 자수를 놓습니다.

4 순간접착제로 당고끼리 연결합니다.

귀와 발 만들기 및 마무리

1단　　매직링 - 짧은뜨기 6 (총 6코)
2단　　짧은뜨기 평단(한 코에 짧은뜨기 하나씩 떠주세요) (총 6코)

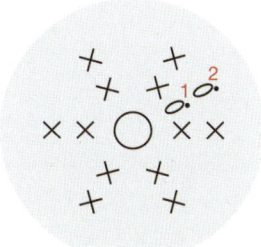

5　크림바닐라 실로 당고의 귀와 발을 뜹니다. 속에 솜을 채운 후 실을 자르고 돗바늘로 마무리합니다.

6　과정을 반복해 귀와 발을 각각 2개씩 만든 후 순간접착제로 당고에 연결합니다.
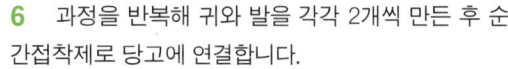 크기가 차이 나지 않도록 손땀을 일정하게 떠주세요.

7　양쪽 솜 부분을 잘라낸 면봉을 당고의 매직링 구멍으로 끼워 넣습니다.
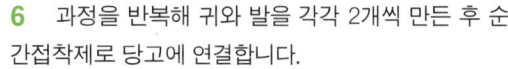 막대 끝에 순간접착제를 묻힌 후 매직링 구멍으로 끼워 넣으면 자연스럽게 고정됩니다.

우무 문어

영화 속 귀여운 아기 문어에서 영감을 받은 우무 문어예요.
통통하고 동그란 몸에 짧은 다리가 달려 있어 외계 생물처럼 앙증맞은 매력이 있어요.
동그란 몸통을 먼저 완성한 후 편물에 다리를 이어 뜨는 방법을 사용합니다.
귀도 몸통과 함께 뜨기 때문에 연결할 조각이 없어 돗바늘 연결이 귀찮을 때 떠보기 좋은 도안입니다.

기본 정보

사용 실   착하면 049(블랙), 해피코튼 734(연핑크)
사용 도구   모사용 코바늘 5호(3.0mm), 솜, 돗바늘, 가위

주의 사항

• 모든 단의 시작은 기둥사슬 1코이며, 모든 단의 마지막은 첫 코에 빼뜨기로 마무리합니다.

몸통 만들기

1단	매직링 - 짧은뜨기 6 (총 6코)
2단	짧은뜨기 늘리기 6 (총 12코)
3단	몸통을 뜨면서 귀를 함께 뜹니다.

짧은뜨기 늘리기 1 - 짧은뜨기 1 - 짧은뜨기 늘리기 1 - 사슬뜨기 3 - (바늘에서 두 번째 코부터) 짧은뜨기 2 - 다음 코에 짧은뜨기 1 - 짧은뜨기 늘리기 1 - 짧은뜨기 1 - 짧은뜨기 늘리기 1 - 사슬뜨기 3 - (바늘에서 두 번째 코부터) 짧은뜨기 2 - 다음 코에 짧은뜨기 1 - 짧은뜨기 늘리기 1 - 짧은뜨기 1 - 짧은뜨기 늘리기 1 - 짧은뜨기 1 (귀 부분 제외 총 18코)

◎ 음영 표시된 부분을 제외하고 모두 2단의 12코에 뜹니다.

4단	평단(한 코에 짧은뜨기 하나씩 떠주세요) (총 18코)

◎ 귀에서 짧은뜨기할 때는 귀 부분을 제외한 아래쪽으로 바늘을 넣고 다음 코에 위에서 아래쪽으로 바늘을 통과시켜 짧은뜨기합니다.

5단	{짧은뜨기 늘리기 1 - 짧은뜨기 2} * 6 (총 24코)
6~11단	짧은뜨기 평단(한 코에 짧은뜨기 하나씩 떠주세요) (총 24코)
12단	{짧은뜨기 2 - 짧은뜨기 줄이기 1} * 6 (총 18코)

◎ 뜨기를 잠시 멈춥니다.

13단	{짧은뜨기 1 - 짧은뜨기 줄이기 1} * 6 (총 12코)
14단	짧은뜨기 줄이기 6

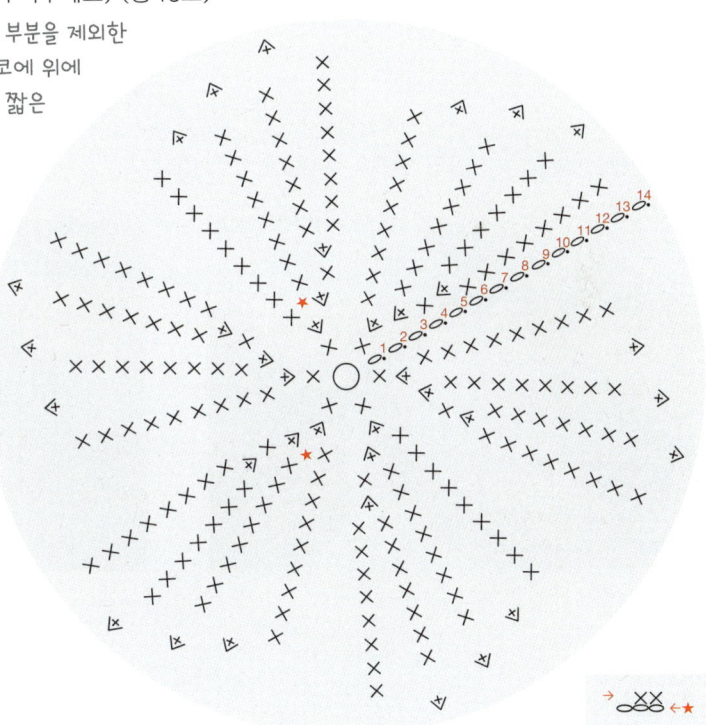

1   연핑크 실로 문어의 몸통을 뜹니다.

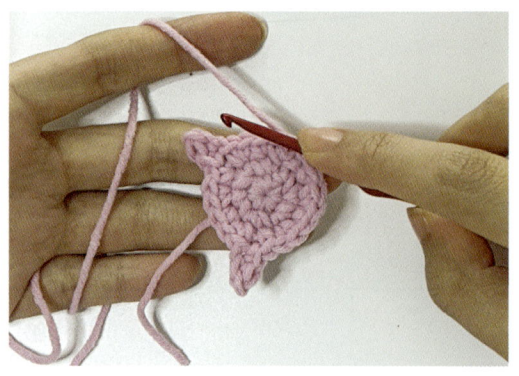
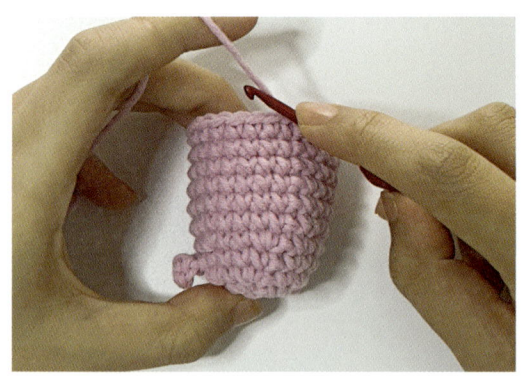

2   12단까지 뜬 후 블랙 실 두 가닥으로 눈 모양 자수를 놓아줍니다. 귀가 정면을 향하도록 6, 7단 사이에 자수 놓은 후 몸통에 솜을 채워줍니다.

3   몸통을 이어 뜹니다. 실을 자른 후 돗바늘로 마무리합니다.

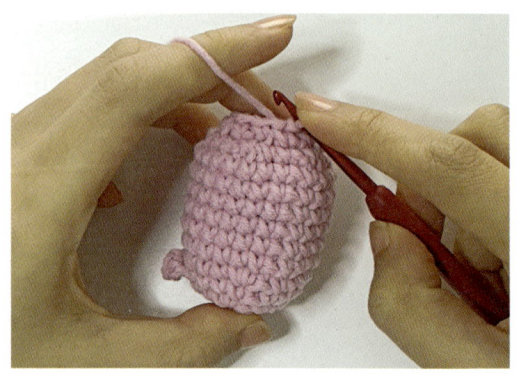

문어 다리 만들기 및 마무리

{짧은뜨기 1 - 사슬뜨기 2 - (첫 번째 사슬에) 짧은뜨기 1 - (다음 코에) 짧은뜨기 1} *12번 반복

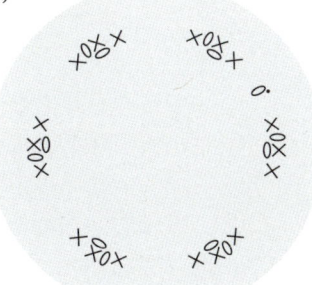

4 문어 다리를 뜹니다. 문어 몸통 10단과 11단 사이에 바늘을 넣고, 11단과 12단 사이로 바늘을 통과시킨 후 실을 새로 가져옵니다.

5 첫 코에 빼뜨기 후 돗바늘로 마무리합니다.
◉ 완성 후 다리 부분을 아래쪽으로 만져주면 모양이 예쁘게 잡힙니다.

양면 문어

한 면은 분홍 문어, 다른 한 면은 노릇노릇한 타코야키!
뒤집으면 다른 모습이 나오는 양면 문어 인형이에요.
만든 직후에는 뒤집기 어려울 수 있지만
여러 번 뒤집다 보면 편물이 유연해져 쉽게 뒤집을 수 있어요.
서로 다른 표정을 자수로 놓아도 재미있습니다. 귀여워서 갖고 노는 재미가 있는 양면 문어 인형입니다.

기본 정보

사용 실 착하면 002(크림바닐라), 009(더진밤), 015(카멜), 027(라벤더핑크), 034(샐러리), 049(블랙)

사용 도구 모사용 코바늘 6호(3.5mm), 돗바늘, 가위, 순간접착제

주의 사항

- 무사슬 기법을 사용해 뜹니다.
- 촘촘하게 뜨면 작품 완성 후 뒤집기 어려울 수 있으니 살짝 널널하게 떠주세요.

문어 만들기

1단	매직링 - 짧은뜨기 8 (총 8코)
2단	짧은뜨기 늘리기 8 (총 16코)
3단	{짧은뜨기 1 - 짧은뜨기 늘리기 1} * 8번 반복 (총 24코)
4단	{짧은뜨기 늘리기 1 - 짧은뜨기 2} * 8번 반복 (총 32코)
5~9단	짧은뜨기 평단(한 코에 짧은뜨기 하나씩 떠주세요) (총 32코)
10단	{짧은뜨기 2 - 짧은뜨기 줄이기 1} * 8번 반복 (총 24코)
11단	짧은뜨기 평단(한 코에 짧은뜨기 하나씩 떠주세요) (총 24코)
12단	{한길긴뜨기 5코 늘려뜨기 - 한 코 건너뛰기 - 짧은뜨기 1} * 8번 반복 (총 48코)

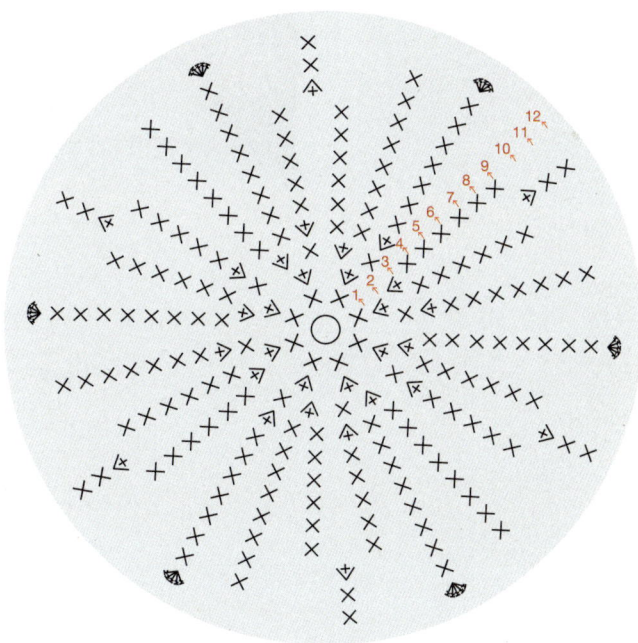

1 라벤더핑크 실로 분홍 문어를 뜹니다. 실을 자르고 돗바늘로 마무리합니다.

2 블랙 실로 6, 7단 사이에 눈을, 7, 8단 사이에 코를 자수 놓아주세요. 뒤집으면서 자수가 빠질 수 있으니 편물 안쪽은 순간접착제로 고정해 주세요.

3 과정을 반복해 카멜 실로 타코야키 문어를 뜹니다. 타코야키 문어는 여유 실을 길게 남겨 잘라주세요.
◐ 크기가 차이 나지 않도록 손땀을 일정하게 떠주세요.
◐ 여유 실은 분홍 문어와 연결할 때 사용합니다.

타코야키 소스 만들기 및 마무리

1단   매직링 - 짧은뜨기 8 (총 8코)
2단   짧은뜨기 늘리기 8 (총 16코)
3단   {짧은뜨기 1 - 짧은뜨기 늘리기 1} * 8번 반복 (총 24코)
4단   {짧은뜨기 1 - (긴뜨기 2 - 한길긴뜨기 1) - (한길긴뜨기 1 - 긴뜨기 2) - 한 코 건너뛰기} * 6번 반복 (총 42코)
　　◉ 소괄호 안은 한 코에 뜹니다.

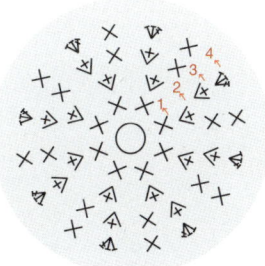

4 더진밤 실로 타코야키 소스를 뜹니다. 여유 실을 길게 남긴 후 돗바늘로 마무리합니다.
　◉ 여유 실은 타코야키 문어와 연결할 때 사용합니다.

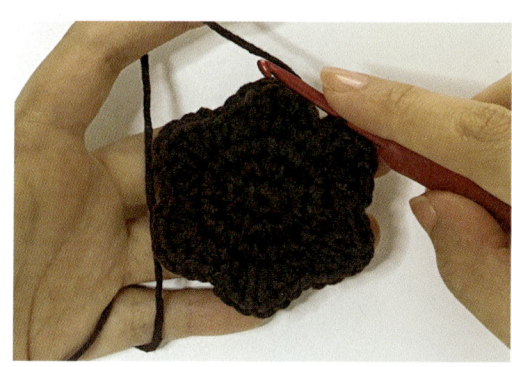

5 크림바닐라 실로 타코야키 위에 올라갈 마요네즈 소스를 뜹니다. 사슬뜨기 23코를 뜬 후 여유 실을 남겨 잘라주세요. 소스 위에 모양을 잡고 여유 실을 사용해 돗바늘로 연결합니다.

6 샐러리 실을 사용해 돗바늘로 파슬리 가루를 표현합니다.

7 소스를 타코야키 문어에 연결합니다. 매직링 구멍에 위치를 맞추고 소스의 여유 실로 편물 안쪽에서만 돗바느질해 주세요.

8 분홍 문어를 뒤집고 두 문어의 얼굴 위치를 맞춰 포갭니다. 타코야키 문어의 여유 실로 12단에 맞춰 두 문어를 연결합니다. 겉으로 티가 나지 않도록 편물 안쪽에서만 돗바느질해 주세요.

당근 토끼

당근과 토끼를 어떻게 함께 표현하면 좋을까 고민하다 만든 인형이에요.
당근의 형태 안에 토끼의 존재감을 자연스럽게 녹여내고 싶었어요.
당근 가운데 있는 토끼 얼굴이 마치 당근 속에 토끼가 살고 있는 것 같은 상상을 하게 만들어요.
귀엽고 유쾌한 분위기의 인형을 만들고 싶을 때 딱 좋은 작품입니다.

기본 정보

사용 실 착하면 001(스노우), 034(샐러리), 049(블랙), 해피코튼 773(진살구)

사용 도구 모사용 코바늘 5호(3.0mm), 솜, 돗바늘, 가위, 순간접착제

주의 사항

- 당근은 무사슬 기법을 사용해 뜹니다.
- 당근 외에 당근 이파리와 토끼 얼굴, 귀, 손의 시작은 기둥사슬 1코, 모든 단의 마지막은 첫 코에 빼뜨기로 마무리합니다.

당근 만들기

1단	매직링 - 짧은뜨기 6 (총 6코)
2단	짧은뜨기 늘리기 6 (총 12코)
3단	{짧은뜨기 1 - 짧은뜨기 늘리기 1} * 6번 반복 (총 18코)
4단	짧은뜨기 평단(한 코에 짧은뜨기 하나씩 떠주세요) (총 18코)
5단	{짧은뜨기 2 - 짧은뜨기 늘리기1 } * 6번 반복 (총 24코)
6단	짧은뜨기 평단(한 코에 짧은뜨기 하나씩 떠주세요) (총 24코)
7단	{짧은뜨기 3 - 짧은뜨기 늘리기 1} * 6번 반복 (총 30코)
8~15단	짧은뜨기 평단(한 코에 짧은뜨기 하나씩 떠주세요) (총 30코)
16단	{짧은뜨기 3 - 짧은뜨기 줄이기 1} * 6번 반복 (총 24코)
17단	{짧은뜨기 줄이기 1 - 짧은뜨기 2} * 6번 반복 (총 18코)
	◐ 속에 솜을 채워줍니다.
18단	{짧은뜨기 1 - 짧은뜨기 줄이기 1} * 6번 반복 (총 12코)
19단	짧은뜨기 줄이기 6 (총 6코)

1 진살구 실을 사용해 무사슬 기법으로 당근을 뜹니다. 17단까지 뜨고 속에 솜을 채운 후 이어 뜹니다. 실을 자르고 돗바늘로 마무리합니다.

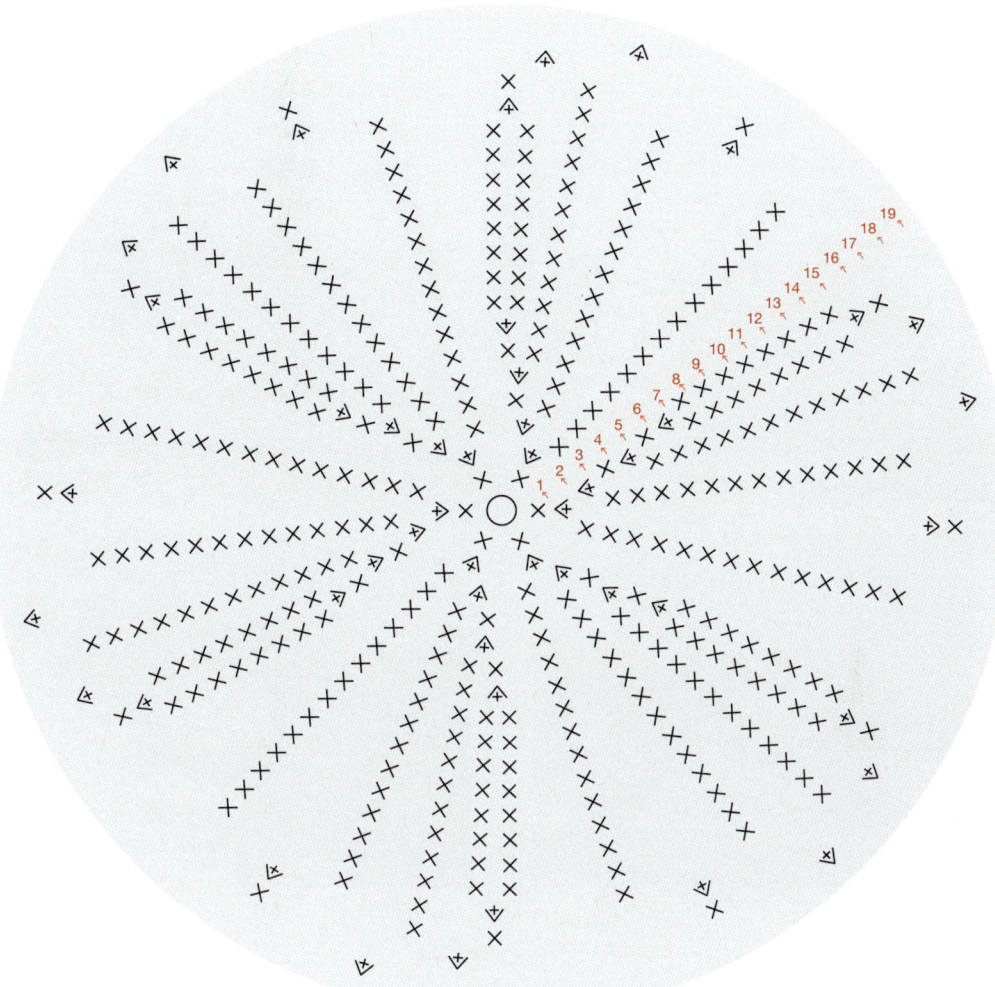

토끼 얼굴 만들기

1단   사슬뜨기 4 - (바늘에서 두번째 코부터) 짧은뜨기 2 - 짧은뜨기 3코 늘려뜨기 - 짧은뜨기 1 - 짧은뜨기 늘리기 1 (총 8코)

2단   짧은뜨기 늘리기 1 - 짧은뜨기 1 - 짧은뜨기 늘리기 3 - 짧은뜨기 1 - 짧은뜨기 늘리기 2 (총 12코)

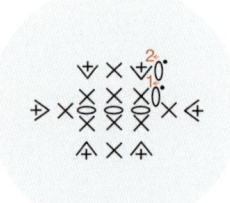

2   스노우 실로 토끼의 얼굴을 뜹니다. 실을 자르고 돗바늘로 마무리합니다.

3   블랙 실 두 가닥으로 적당한 위치에 토끼 눈과 코를 자수 놓아줍니다.

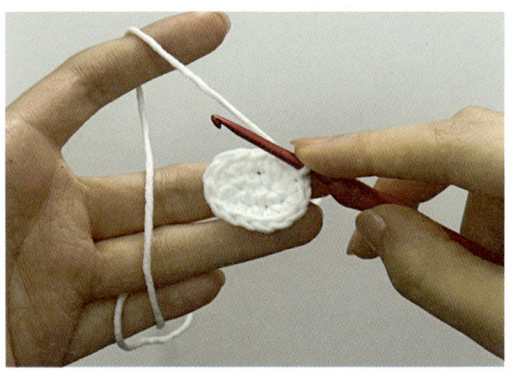
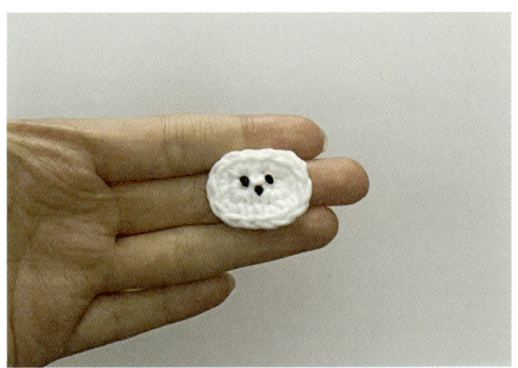

토끼 귀 만들기

1단   사슬뜨기 5 - (바늘에서 두 번째 코부터) 빼뜨기 3 - 빼뜨기 3코 늘려뜨기 - 빼뜨기 3

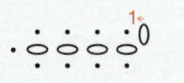

4   스노우 실로 토끼의 귀를 뜹니다. 실을 자르고 돗바늘로 마무리합니다.

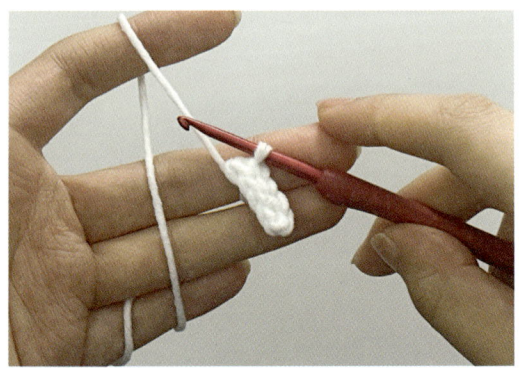

5 과정을 반복해 귀 하나를 더 떠준 후 얼굴과 연결합니다. 얼굴은 순간접착제로 당근의 11~14단 사이에 붙여주세요.

▶ 크기가 차이 나지 않도록 손땀을 일정하게 떠주세요.

중간 이파리 만들기

1단 매직링 - 짧은뜨기 4 (총 4코)
2단 {짧은뜨기 1 - 짧은뜨기 늘리기 1} * 2번 반복 (총 6코)
3단 {짧은뜨기 늘리기 1 - 짧은뜨기 2} * 2번 반복 (총 8코)
4~5단 짧은뜨기 평단(한 코에 짧은뜨기 하나씩 떠주세요) (총 8코)
6단 {짧은뜨기 2 - 짧은뜨기 줄이기 1} * 2번 반복 (총 6코)

6 샐러리 실로 당근의 중간 이파리를 뜹니다. 실을 자르고 돗바늘로 마무리합니다. 마무리 전에 이파리에 솜을 약간 채워 넣어주세요.

옆 이파리 만들기

1단   매직링 - 짧은뜨기 4 (총 4코)
2단   {짧은뜨기 1 - 짧은뜨기 늘리기 1} * 2번 반복 (총 6코)
3~4단   짧은뜨기 평단(한 코에 짧은뜨기 하나씩 떠주세요) (총 6코)
5단   {짧은뜨기 1 - 짧은뜨기 줄이기 1} * 2번 반복 (총 4코)

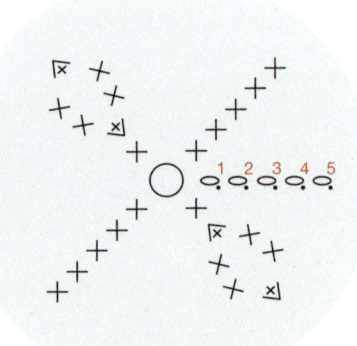

7   같은 실로 당근의 옆 이파리를 뜹니다. 실을 자르고 돗바늘로 마무리한 후 이파리에 솜을 약간 채워주세요. 과정을 반복해 옆 이파리를 하나 더 떠주세요.

8   순간접착제로 중간 이파리와 옆 이파리 모두 당근에 붙여줍니다.

토끼 손 만들기 및 마무리

1단 매직링 - 짧은뜨기 6 (총 6코)
2단 {짧은뜨기 1 - 짧은뜨기 늘리기 1} *3번 반복 (총 9코)
3단 {짧은뜨기 1 - 짧은뜨기 줄이기 1} *3번 반복 (총 6코)

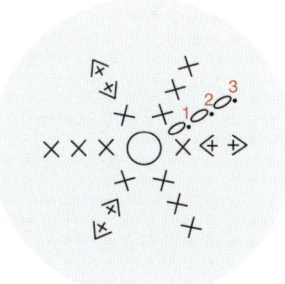

9 스노우 실로 토끼의 손을 뜹니다. 약간의 솜을 채워준 후 돗바늘로 마무리합니다. 과정을 반복해 2개의 손을 떠줍니다.

◐ 크기가 차이 나지 않도록 손땀을 일정하게 떠주세요.

10 순간접착제로 손을 당근에 연결합니다.

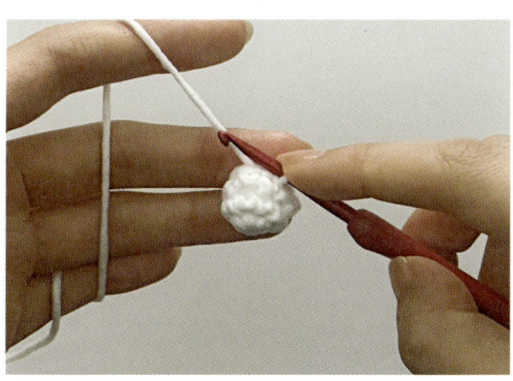

도토리 다람쥐

당근 토끼처럼 도토리 중간에 다람쥐 얼굴을 떠서 붙여줬어요.
도토리 탈을 쓴 다람쥐가 연상되는 사랑스러운 인형이에요.
크기가 큰 작품은 아니지만 포인트가 확실해서 존재감이 통통 튀는 작품입니다.
가을에 계절감을 표현할 소품으로 좋고 장식이나 선물용으로도 뜨기 좋은 인형입니다.

기본 정보

사용 실 착하면 003(살구), 009(더진밤), 015(카멜), 049(블랙)

사용 도구 모사용 코바늘 5호(3.0mm), 6호(3.5mm), 돗바늘, 가위, 솜, 순간접착제

주의 사항

- 도토리 몸통과 뚜껑은 무사슬 기법을 사용해 뜹니다.
- 도토리 뚜껑은 모사용 코바늘 6호를 사용합니다.
- 다람쥐 얼굴과 귀, 손의 시작은 기둥사슬 1코, 모든 단의 마지막은 첫 코에 빼뜨기로 마무리합니다.

도토리 몸통 만들기

1단	매직링 - 짧은뜨기 6 (총 6코)
2단	짧은뜨기 늘리기 6 (총 12코)
3단	{짧은뜨기 1 - 짧은뜨기 늘리기 1} * 6번 반복 (총 18코)
4단	{짧은뜨기 2 - 짧은뜨기 늘리기 1} * 6번 반복 (총 24코)
5단	{짧은뜨기 3 - 짧은뜨기 늘리기 1} * 6번 반복 (총 30코)
6~13단	짧은뜨기 평단(한 코에 짧은뜨기 하나씩 떠주세요) (총 30코)
14단	{짧은뜨기 3 - 짧은뜨기 줄이기 1} * 6번 반복 (총 24코)
15단	짧은뜨기 평단(한 코에 짧은뜨기 하나씩 떠주세요) (총 24코)

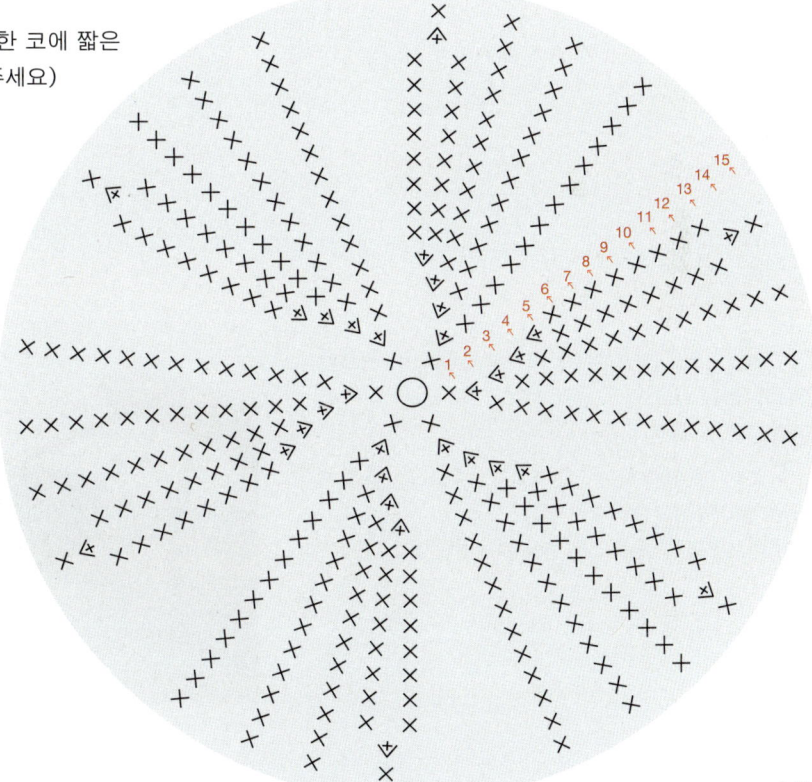

1   카멜 실로 도토리 몸통을 뜹니다. 실을 자르고 돗바늘로 마무리합니다.

도토리 뚜껑 만들기

1단   매직링 - 짧은뜨기 6 (총 6코)
2단   짧은뜨기 늘리기 6 (총 12코)
3단   {짧은뜨기 1 - 짧은뜨기 늘리기 1} * 6번 반복 (총 18코)
4단   {짧은뜨기 2 - 짧은뜨기 늘리기 1} * 6번 반복 (총 24코)
5단   {짧은뜨기 3 - 짧은뜨기 늘리기 1} * 6번 반복 (총 30코)
6~8단   짧은뜨기 평단(한 코에 짧은뜨기 하나씩 떠주세요) (총 30코)

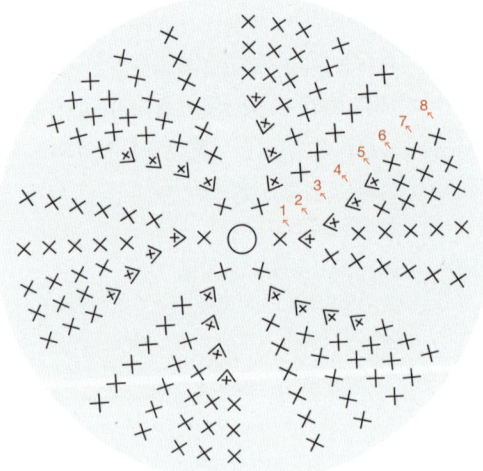

2   더진밤 실을 사용해 6호 코바늘로 도토리 뚜껑을 뜹니다. 여유 실을 길게 남겨 자르고 돗바늘로 마무리합니다.

◐ 뚜껑을 너무 빡빡하게 뜨면 도토리 몸통과 크기가 맞지 않을 수 있으니 널널하게 떠주세요.
◐ 남은 실은 도토리 몸통과 연결할 때 사용합니다.

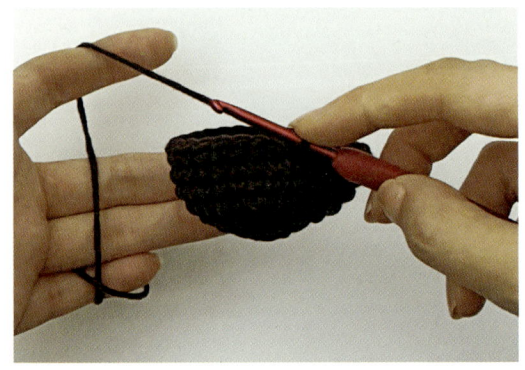

도토리 꼭지 만들기

3 같은 실을 사용해 5호 코바늘로 도토리 꼭지를 뜹니다. 이중사슬뜨기 3코 후 여유 실을 남기고 잘라주세요. 시작 실과 여유 실을 뚜껑 매직링 구멍으로 통과시켜 안쪽에서 매듭을 짓고 고정합니다.

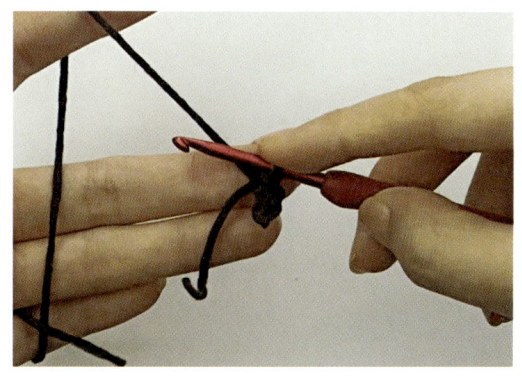

다람쥐 얼굴 만들기

1단   사슬뜨기 4 - (바늘에서 두번째 코부터) 짧은뜨기 2 - 짧은뜨기 3코 늘려뜨기 - 짧은뜨기 1 - 짧은뜨기 늘리기 1 (총 8코)

2단   짧은뜨기 늘리기 1 - 짧은뜨기 1 - 짧은뜨기 늘리기 3 - 짧은뜨기 1 - 짧은뜨기 늘리기 2 (총 12코)

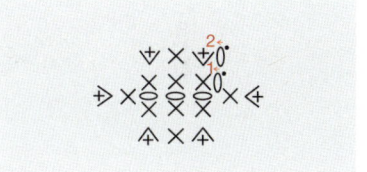

4 살구 실로 다람쥐의 얼굴을 뜹니다. 실을 자르고 돗바늘로 마무리합니다.

5 블랙 실 두 가닥으로 적당한 위치에 다람쥐의 눈과 코를 자수 놓아줍니다.

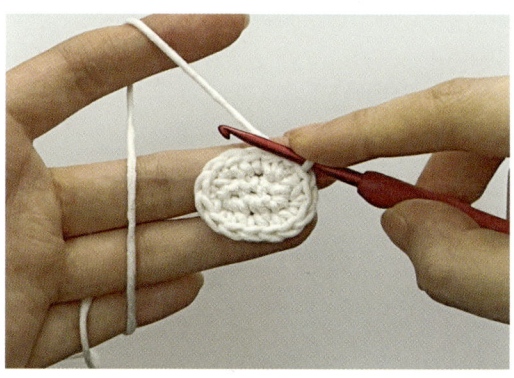

다람쥐 귀 만들기

1단   매직링 - 짧은뜨기 4 (총 4코)

6   살구 실로 다람쥐의 귀를 뜹니다. 실을 자르고 돗바늘로 마무리합니다. 과정을 반복해 2개의 귀를 떠주세요.

◉ 크기가 차이 나지 않도록 손땀을 일정하게 떠주세요.

7   순간접착제로 다람쥐의 귀를 얼굴에 붙여줍니다.

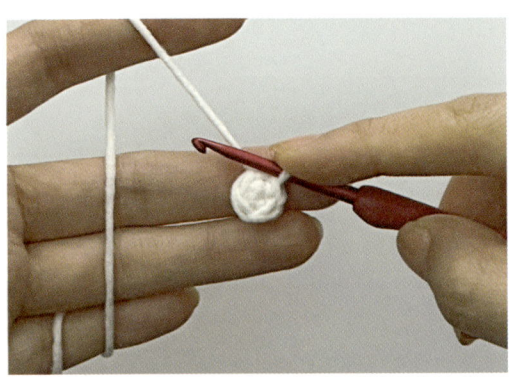

8   순간접착제로 도토리 몸통 10~14단 사이에 다람쥐 얼굴을 붙인 후 블랙 실 두 가닥으로 귀 사이에 다람쥐 무늬를 자수 놓아주세요.

◉ 도토리 뚜껑을 연결해야 하기 때문에 얼굴에만 순간접착제를 발라 고정해 주세요.

9   도토리 뚜껑과 몸통에 솜을 채우고 여유 실 두 가닥을 사용해 돗바늘로 뚜껑과 몸통을 연결합니다. 몸통 15, 16단이 가려지게 연결합니다.

다람쥐 손 만들기 및 마무리

1단	매직링 - 짧은뜨기 6 (총 6코)
2단	{짧은뜨기 1 - 짧은뜨기 늘리기 1} * 3번 반복 (총 9코)
3단	{짧은뜨기 1 - 짧은뜨기 줄이기 1} * 3번 반복 (총 6코)

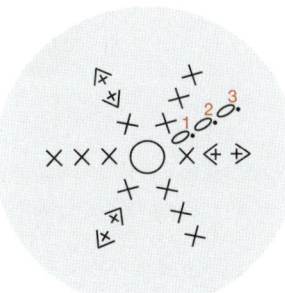

10 살구 실로 다람쥐의 손을 뜹니다. 속에 솜을 약간 채운 후 돗바늘로 마무리합니다. 과정을 반복해 2개의 손을 뜹니다.

◐ 크기가 차이 나지 않도록 손땀을 일정하게 떠주세요.

11 순간접착제를 사용해 도토리 몸통에 연결합니다.

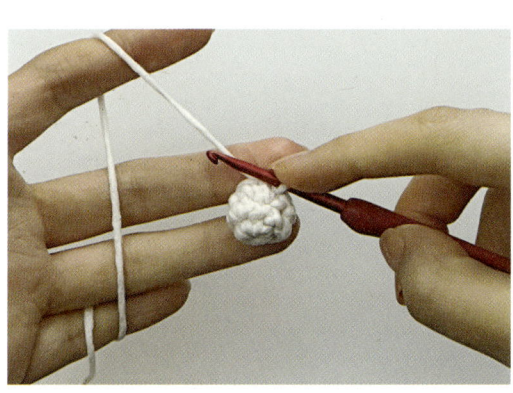

버섯 인형

폭신한 버섯을 귀엽게 만들어 보았어요.
색을 다르게 하면 갈색 표고버섯이 되기도 하고 파스텔톤 실을 사용하면 동화 속 버섯 같은 느낌도 줄 수 있답니다.
머리에 무늬를 넣을 수 있는 배색뜨기 기법을 사용해 뜨는 재미가 있습니다.
여러 가지 색을 활용해 시리즈로 떠서 책상에 장식해 두면
책상이 작은 숲이 된 것 같은 아기자기한 분위기를 낼 수 있답니다.

기본 정보

사용 실   착하면 001(스노우), 003(살구), 049(블랙), 053(밝은빨강)

사용 도구   모사용 코바늘 5호(3.0mm), 돗바늘, 가위, 솜, 순간접착제

주의 사항

- 모든 단의 시작은 기둥사슬 1코이며, 모든 단의 마지막은 첫 코에 빼뜨기로 마무리합니다.

몸통 만들기

1단	매직링 - 짧은뜨기 6 (총 6코)
2단	짧은뜨기 늘리기 6 (총 12코)
3단	{짧은뜨기 1 - 짧은뜨기 늘리기 1} * 6번 반복 (총 18코)
4단	{짧은뜨기 3 - 짧은뜨기 늘리기 1 - 짧은뜨기 2} * 3번 반복 (총 21코)
5단	짧은뜨기 평단(한 코에 짧은뜨기 하나씩 떠주세요) (총 21코)
6단	{짧은뜨기 6 - 짧은뜨기 늘리기 1} * 3번 반복 (총 24코)
7~8단	짧은뜨기 평단(한 코에 짧은뜨기 하나씩 떠주세요) (총 24코)
9단	{짧은뜨기 6 - 짧은뜨기 줄이기 1} * 3번 반복 (총 21코)
10단	짧은뜨기 평단(한 코에 짧은뜨기 하나씩 떠주세요) (총 21코)
11단	{짧은뜨기 3 - 짧은뜨기 줄이기 1 - 짧은뜨기 2} * 3번 반복 (총 18코)
12단	짧은뜨기 평단(한 코에 짧은뜨기 하나씩 떠주세요) (총 18코)
13단	{짧은뜨기 1 - 짧은뜨기 줄이기 1} * 6번 반복 (총 12코)
14단	짧은뜨기 평단(한 코에 짧은뜨기 하나씩 떠주세요) (총 12코)
15단	(앞이랑뜨기) {짧은뜨기 1 - 짧은뜨기 늘리기 1} * 6번 반복 (총 18코)
16단	{짧은뜨기 늘리기 1 - 짧은뜨기 2} * 6번 반복 (총 24코)
17단	{짧은뜨기 3 - 짧은뜨기 늘리기 1} * 6번 반복 (총 30코)
18단	{짧은뜨기 1 - 짧은뜨기 늘리기 1 - 짧은뜨기 3} * 6번 반복 (총 36코)
19단	{짧은뜨기 5 - 짧은뜨기 늘리기 1} * 6번 반복 (총 42코)

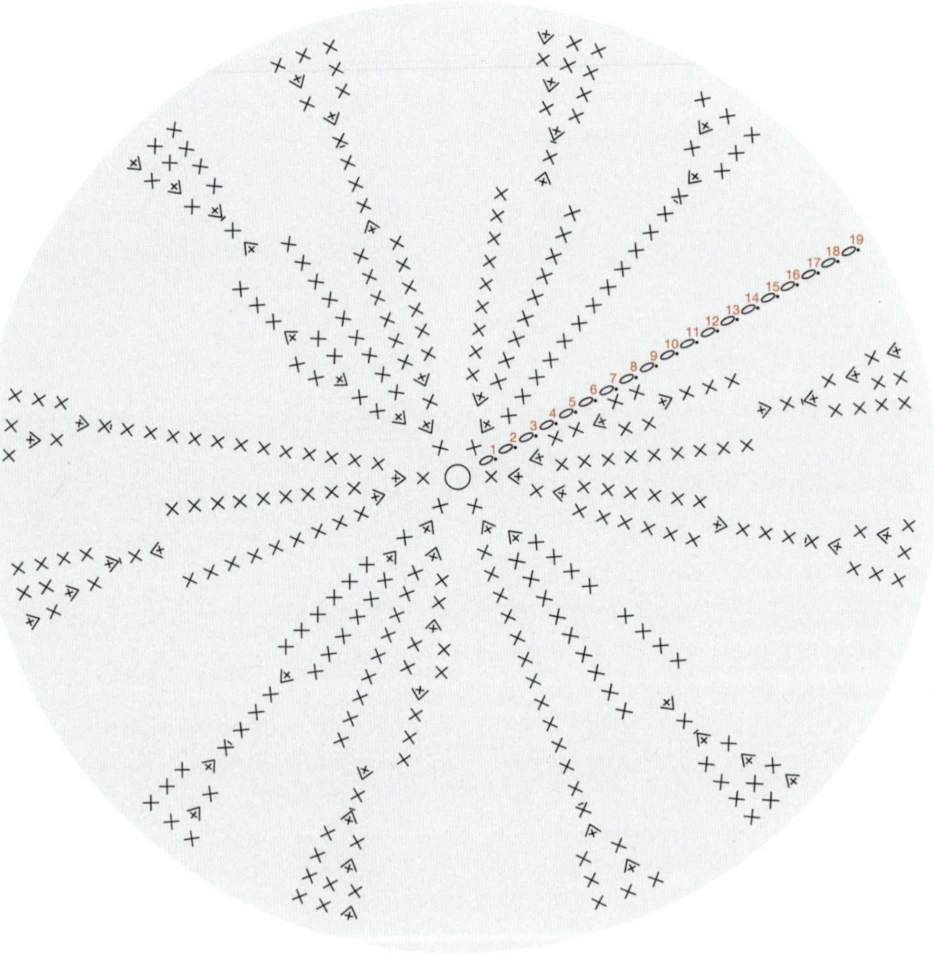

1 살구 실로 버섯의 몸통을 뜹니다. 실을 자르고 돗바늘로 마무리한 후 블랙 실 두 가닥을 사용해 버섯의 눈과 코를 자수 놓아주세요. 눈은 9단과 10단 사이에, 코는 8단과 9단 사이에 자수를 놓고 속에 솜을 채웁니다.

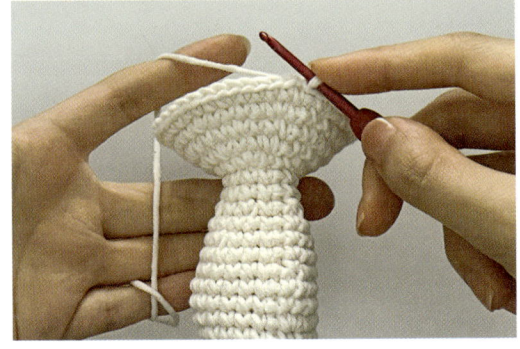

머리 만들기

1단 매직링 - 짧은뜨기 6 (총 6코)
2단 짧은뜨기 늘리기 6 (총 12코)
3단 {짧은뜨기 1 - 짧은뜨기 늘리기 1} * 6번 반복 빨간색 3코/1코/5코/1코/5코/1코/2코 (총 18코)
4단 {짧은뜨기 3 - 짧은뜨기 늘리기 1 - 짧은뜨기 2} * 2번 반복 (총 21코)
5단 {짧은뜨기 2 - 짧은뜨기 늘리기 1} * 7번 반복 1코/1코/6코/1코/ 6코/1코/6코/1코/5코 (총 28코)
6단 {짧은뜨기 늘리기 1 - 짧은뜨기 3} * 7번 반복 (총 35코)
7단 {짧은뜨기 3 - 짧은뜨기 늘리기 1 - 짧은뜨기 1} * 7번 반복 5코/1코/6코/1코/6코/1코/6코/1코/6코/1코/6코/1코/1코 (총 42코)
8단 짧은뜨기 평단(한 코에 짧은뜨기 하나씩 떠 주세요) (총 42코)

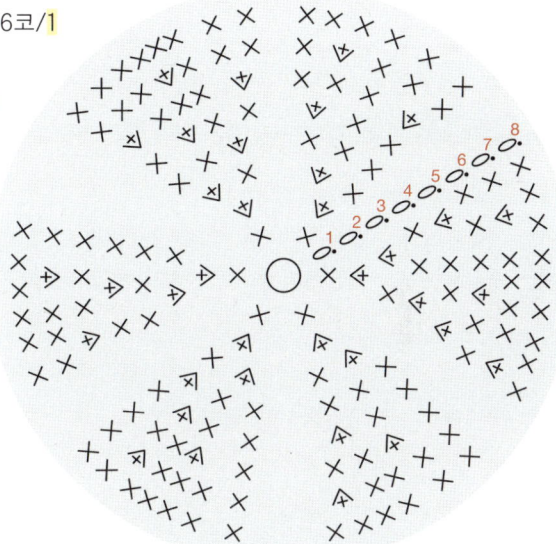

2 밝은빨강 실로 시작해 버섯의 머리를 뜹니다. 여유 실을 길게 남겨 자른 후 돗바늘로 마무리합니다.

● 밝은빨강 실을 메인으로, 스노우 실을 배색실로 사용합니다. 스노우 실로 뜨는 부분은 음영으로 표시했으니 참고해 주세요.
● 여유 실은 버섯 몸통과 연결할 때 사용합니다.

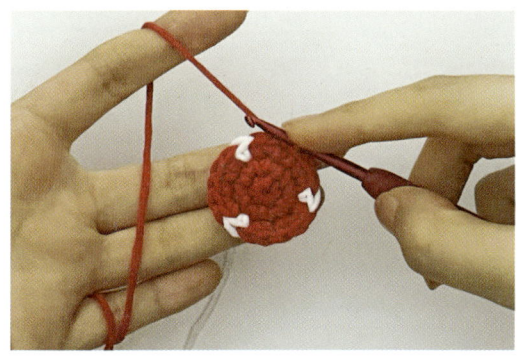 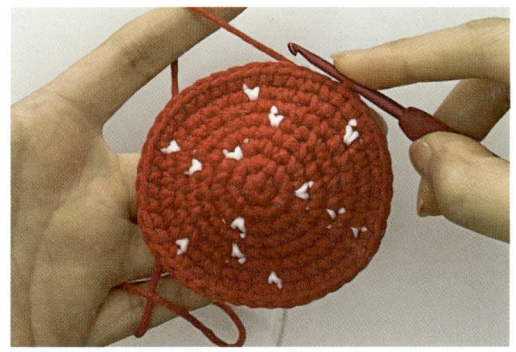

3 몸통과 머리를 돗바늘로 연결합니다. 편물이 마주보는 안쪽을 반 코씩 연결해 주세요.

손발 만들기 및 마무리

1단   매직링 - 짧은뜨기 6 (총 6코)
2단   {짧은뜨기 1 - 짧은뜨기 늘리기 1} * 3번 반복 (총 9코)
3단   {짧은뜨기 1 - 짧은뜨기 줄이기 1} * 3번 반복 (총 6코)

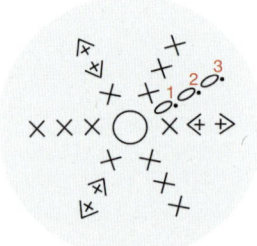

4 살구 실로 손발을 뜹니다. 약간의 솜을 채워준 후 돗바늘로 마무리합니다. 과정을 반복해 4개의 손발을 떠주세요.

○ 크기가 차이 나지 않도록 손땀을 일정하게 떠주세요.

5 순간접착제로 몸통에 연결해 마무리합니다.

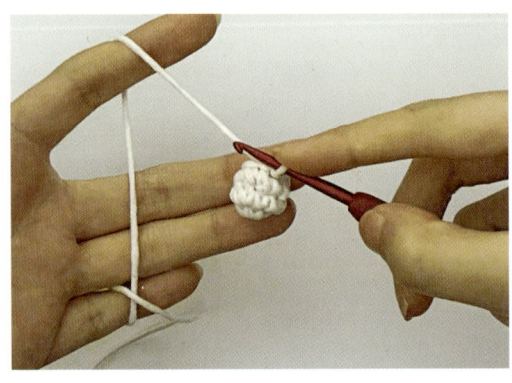

악마 인형

모든 게 동그란 귀여운 악마 인형입니다.
몸통, 손발 모두 공 뜨기로 만들기 때문에 초보자도 쉽게 따라할 수 있어요.
무서운 표정을 짓고 있지만 어쩐지 미워할 수 없는 앙큼한 매력이 있어요.
악마답게 뿔과 꼬리의 디테일을 더해 만드는 재미와 완성도를 챙겼답니다.

기본 정보

사용 실   착하면 049(블랙), 해피코튼 758(오렌지)

사용 도구 모사용 코바늘 5호(3.0mm), 돗바늘, 가위, 단수링, 솜, 인형 눈(3mm), 순간접착제

주의 사항

• 모든 단의 시작은 기둥사슬 1코이며, 모든 단의 마지막은 첫 코에 빼뜨기로 마무리합니다.

몸통 만들기

1단	매직링 - 짧은뜨기 6 (총 6코)
2단	짧은뜨기 늘리기 6 (총 12코)
3단	{짧은뜨기 1 - 짧은뜨기 늘리기 1} * 6번 반복 (총 18코)
4단	{짧은뜨기 늘리기 1 - 짧은뜨기 2} * 6번 반복 (총 24코)
5단	{짧은뜨기 3 - 짧은뜨기 늘리기 1} * 6번 반복 (총 30코)
6~10단	짧은뜨기 평단(한 코에 짧은뜨기 하나씩 떠주세요) (총 30코)
11단	{짧은뜨기 3 - 짧은뜨기 줄이기 1} * 6번 반복 (총 24코)
12단	{짧은뜨기 줄이기 1 - 짧은뜨기 2} * 6번 반복 (총 18코)

◉ 뜨기를 잠시 멈춥니다.

13단	{짧은뜨기 1 - 짧은뜨기 줄이기 1} * 6번 반복 (총 12코)
14단	짧은뜨기 줄이기 6 (총 6코)

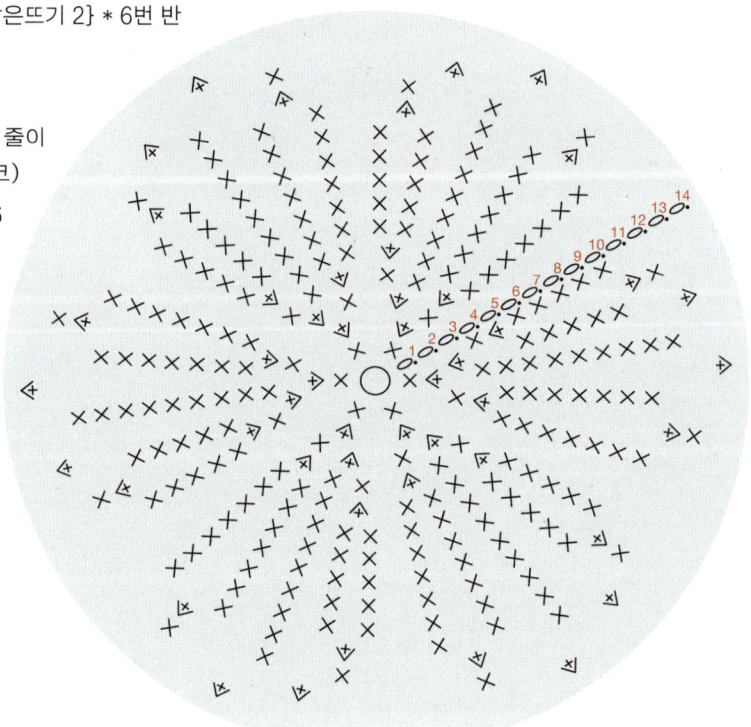

1 오렌지 실로 12단까지 몸통을 뜹니다.

2 6단과 7단 사이에 코를, 7단과 8단 사이에 인형 눈을 달아 눈과 코를 표현합니다. 포인트가 되는 화난 눈썹은 블랙 실 한 가닥으로 자수 놓은 후 속에 솜을 채워주세요.

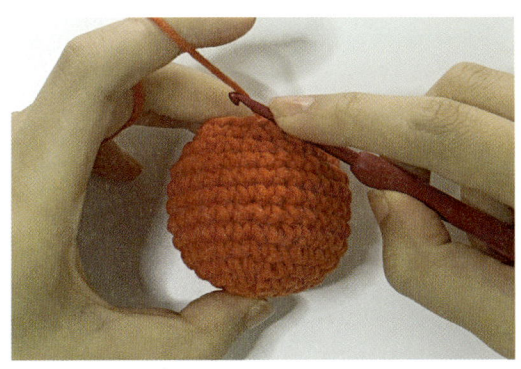

3 같은 실로 몸통을 이어 뜹니다. 실을 자르고 돗바늘로 마무리합니다.

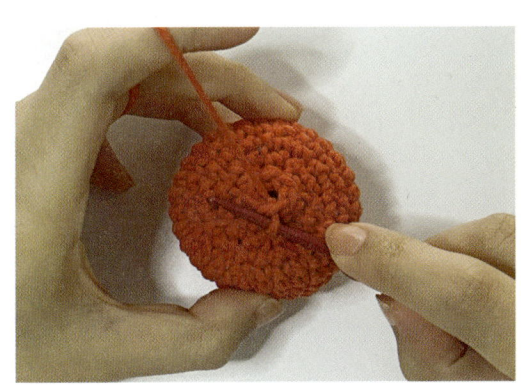

손발 만들기

1단	매직링 - 짧은뜨기 6 (총 6코)
2단	{짧은뜨기 1 - 짧은뜨기 늘리기 1} * 3번 반복 (총 9코)
3단	{짧은뜨기 1 - 짧은뜨기 줄이기 1} * 3번 반복 (총 6코)

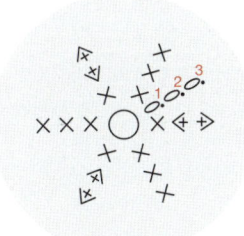

4 블랙 실로 손발을 뜹니다. 약간의 솜을 채워준 후 돗바늘로 마무리합니다. 과정을 반복해 4개의 손발을 떠주세요.

◯ 크기가 차이 나지 않도록 손땀을 일정하게 떠주세요.

5 순간접착제로 몸통에 연결합니다.

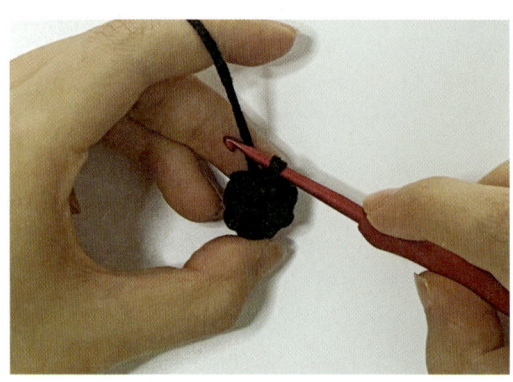

뿔 만들기

1단	매직링 - 짧은뜨기 5 (총 5코)
2단	짧은뜨기 늘리기 1 - 짧은뜨기 4 (총 6코)
3단	짧은뜨기 3 - 짧은뜨기 늘리기 1 - 짧은뜨기 2 (총 7코)

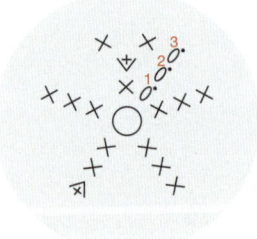

6 같은 실로 뿔을 뜹니다. 여유 실을 남기고 자른 후 돗바늘로 마무리합니다. 과정을 반복해 2개의 뿔을 떠주세요.

◯ 여유 실은 몸통과 연결할 때 사용됩니다.
◯ 크기가 차이 나지 않도록 손땀을 일정하게 떠주세요.

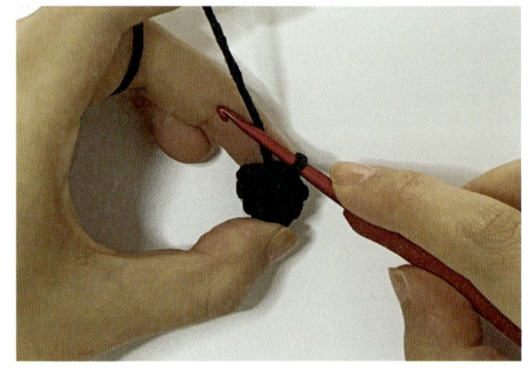

7 여유 실을 갈라 두 가닥만 사용해 몸통에 감침질 해 주세요. 남은 여유 실은 뿔 안쪽에 솜 대신 채워 넣 습니다.

꼬리 만들기 및 마무리

사슬뜨기 10 - (바늘에서 두 번째 코부터) 빼뜨기 1 - 한길긴뜨기 1 - 빼뜨기 7

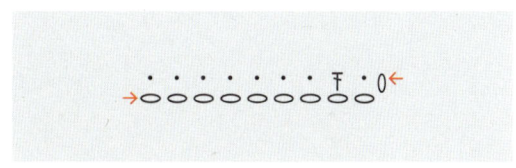

8 오렌지 실로 꼬리를 뜹니다. 실을 자르고 끝을 매 듭지어 돗바늘로 마무리합니다.

9 순간접착제를 사용해 몸통에 붙여주세요.

천사 인형

동글동글한 실루엣이 매력적인 천사 인형입니다.
동그란 몸에 날개와 천사 링을 더해 사랑스러운 느낌을 완성했어요.
날개와 천사 링처럼 상징적인 요소를 표현하는 과정이 재미있답니다.
색상을 바꿔 만들면 다양한 분위기의 인형을 만들 수 있어요.
특별한 날을 기념하거나 누군가에게 따뜻한 위로를 전하고 싶을 때 만들어 보면 어떨까요?

기본 정보

사용 실 착하면 001(스노우), 011(개나리), 051(연보라), 052(스카이블루)

사용 도구 모사용 코바늘 5호(3.0mm), 돗바늘, 가위, 단수링, 솜, 인형 눈(3mm), 순간접착제

주의 사항

• 모든 단의 시작은 기둥사슬 1코이며, 모든 단의 마지막은 첫 코에 빼뜨기로 마무리합니다.

몸통 만들기

1단	매직링 - 짧은뜨기 6 (총 6코)
2단	짧은뜨기 늘리기 6 (총 12코)
3단	{짧은뜨기 1 - 짧은뜨기 늘리기 1} *6번 반복 (총 18코)
4단	{짧은뜨기 늘리기 1 - 짧은뜨기 2} *6번 반복 (총 24코)
5단	{짧은뜨기 3 - 짧은뜨기 늘리기 1} *6번 반복 (총 30코)
6~10단	짧은뜨기 평단(한 코에 짧은뜨기 하나씩 떠주세요) (총 30코)
11단	{짧은뜨기 3 - 짧은뜨기 줄이기 1} *6번 반복 (총 24코)
12단	{짧은뜨기 줄이기 1 - 짧은뜨기 2} *6번 반복 (총 18코)
	◐ 뜨기를 잠시 멈춥니다.
13단	{짧은뜨기 1 - 짧은뜨기 줄이기 1} *6번 반복 (총 12코)
14단	짧은뜨기 줄이기 6 (총 6코)

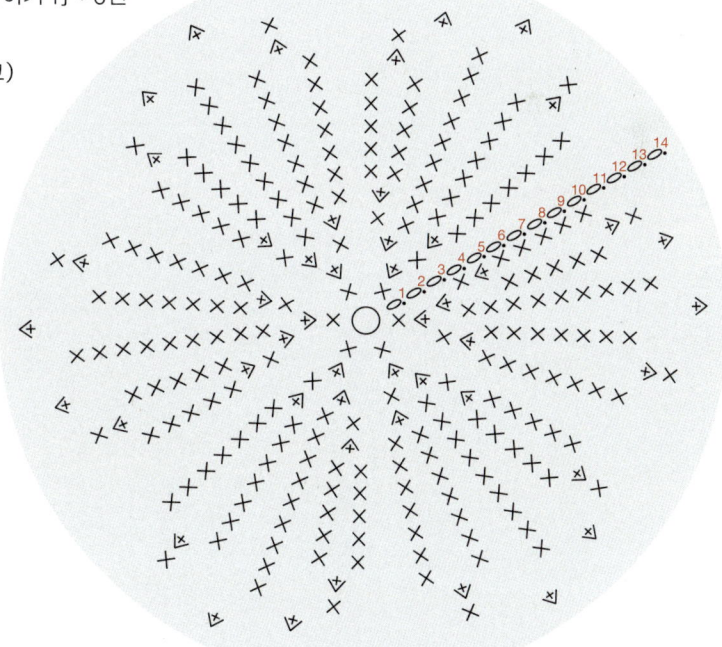

1 연보라 실로 12단까지 몸통을 뜹니다.

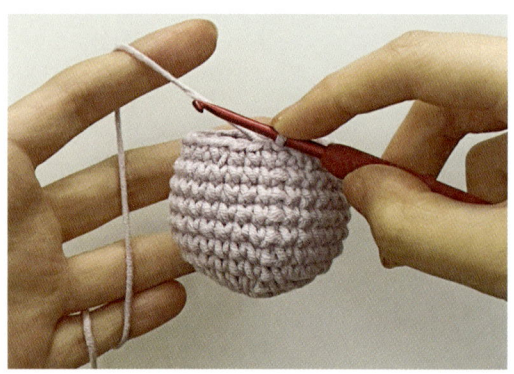

2 6단과 7단 사이, 7단과 8단 사이에 인형 눈과 코를 달아준 후 몸통에 솜을 채워줍니다.

3 같은 실로 몸통을 이어 뜹니다. 실을 자르고 돗바늘로 마무리합니다.

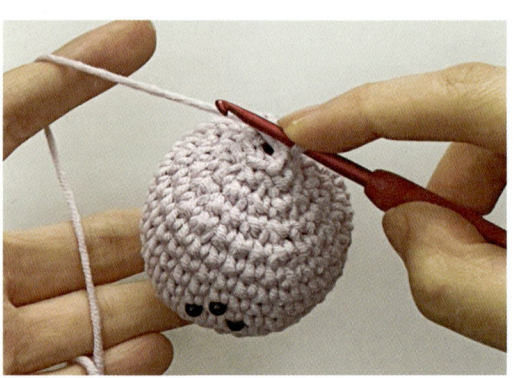

손발 만들기

1단   매직링 - 짧은뜨기 6 (총 6코)
2단   {짧은뜨기 1 - 짧은뜨기 늘리기 1} * 3번 반복 (총 9코)
3단   {짧은뜨기 1 - 짧은뜨기 줄이기 1} * 3번 반복 (총 6코)

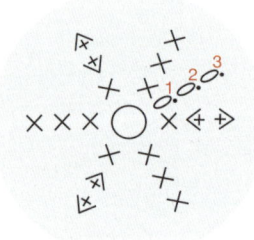

4   스노우 실로 손발을 뜹니다. 약간의 솜을 채운 후 돗바늘로 마무리합니다. 과정을 반복해 4개의 손발을 뜹니다.

◯ 크기가 차이 나지 않도록 손땀을 일정하게 떠주세요.

5   순간접착제로 몸통에 붙여줍니다.

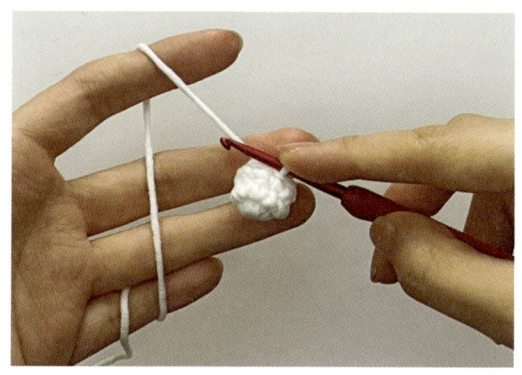

윗날개 만들기

1단   사슬뜨기 6 - 짧은뜨기 4 - 3코 짧은뜨기 늘려뜨기 - 짧은뜨기 3 - 짧은뜨기 늘리기 1 (총 12코)

2단   짧은뜨기 늘리기 1 - 짧은뜨기 3 - 짧은뜨기 늘리기 3 - 짧은뜨기 3 - 짧은뜨기 늘리기 2 (총 18코)

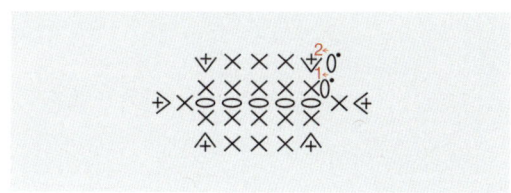

6   스카이블루 실로 윗날개를 먼저 뜹니다. 실을 자르고 돗바늘로 마무리한 후 과정을 반복해 윗날개 2개를 떠주세요.

◯ 크기가 차이 나지 않도록 손땀을 일정하게 떠주세요.

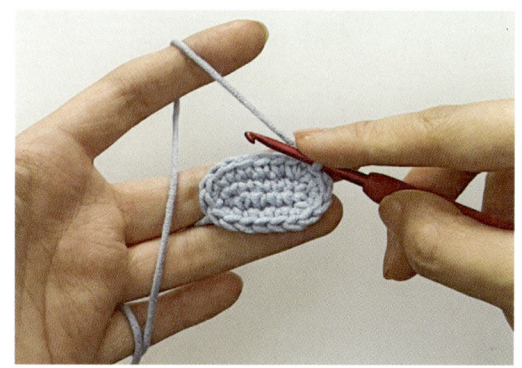

아래 날개 만들기

1단 사슬뜨기 4 - 짧은뜨기 2 - 3코 짧은뜨기 늘려뜨기 - 짧은뜨기 1 - 짧은뜨기 늘리기 1 (총 8코)

2단 짧은뜨기 늘리기 1 - 짧은뜨기 1 - 짧은뜨기 늘리기 3 - 짧은뜨기 1 - 짧은뜨기 늘리기 2 (총 14코)

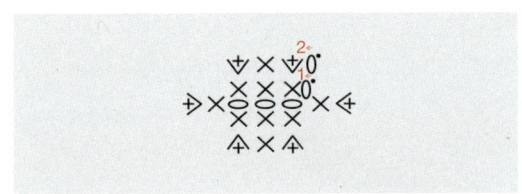

7 같은 실로 아래 날개를 뜹니다. 실을 자르고 돗바늘로 마무리한 후 과정을 반복해 아래 날개 2개를 떠주세요.

◉ 크기가 차이 나지 않도록 손땀을 일정하게 떠주세요.

8 순간접착제로 윗날개와 아래 날개를 V자 모양으로 겹쳐 연결한 후 몸통에도 순간접착제를 이용해 연결합니다.

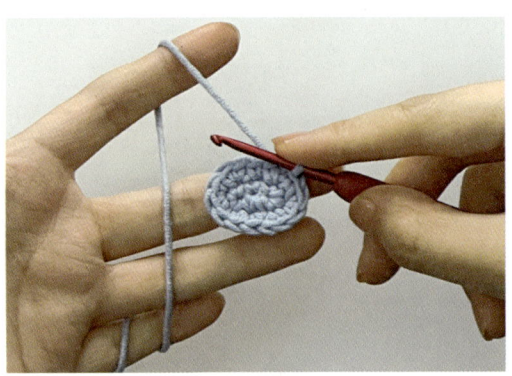
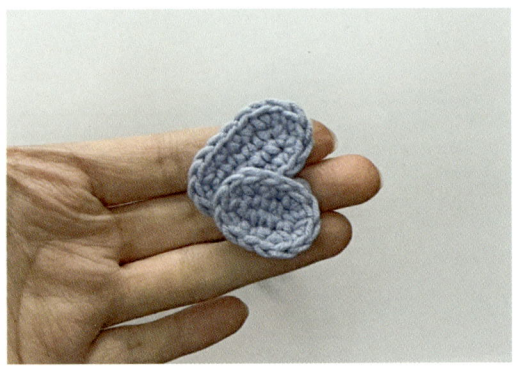

천사 링 만들기 및 마무리

1단   사슬뜨기 7 - 첫 코에 빼뜨기
2단   구멍에 짧은뜨기 10 (총 10코)

9   개나리 실로 천사 링을 뜹니다. 실을 자르고 돗바늘로 마무리합니다.

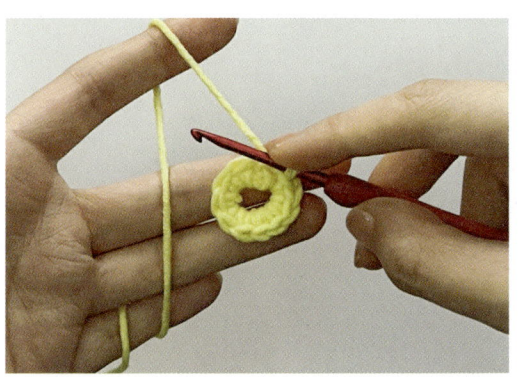

10   순간접착제로 몸통에 붙여 마무리합니다.
◐ 링이 잘 보이도록 뒤쪽을 고정시켜 연결하면 좋습니다.

치아 인형

손가락보다 작고 통통한 미니 치아 인형이에요.
제가 사랑니를 뽑은 날 함께 탄생한 인형이랍니다.
크기는 작지만 눈과 눈썹을 다양하게 표현해 여러 표정으로 만들 수 있어요.
빠르게 뜰 수 있어서 키링이나 선물용으로 만들기 좋아요.
여러 개 만들어 표정을 다르게 꾸미면 치아 인형 세트를 만들어 볼 수도 있답니다.

기본 정보

사용 실 착하면 001(스노우), 049(블랙)
사용 도구 모사용 코바늘 5호(3.0mm), 돗바늘, 가위, 솜

주의 사항

• 모든 단의 시작은 기둥사슬 1코이며, 모든 단의 마지막은 첫 코에 빼뜨기로 마무리합니다.

치아 A 만들기

1단   매직링 - 짧은뜨기 6 (총 6코)
2단   짧은뜨기 평단(한 코에 짧은뜨기 하나씩 떠주세요) (총 6코)

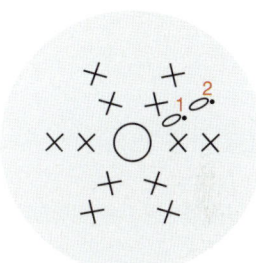

1   스노우 실로 치아의 한쪽 다리(치아 A)를 먼저 뜹니다. 실을 자르고 돗바늘로 마무리합니다.

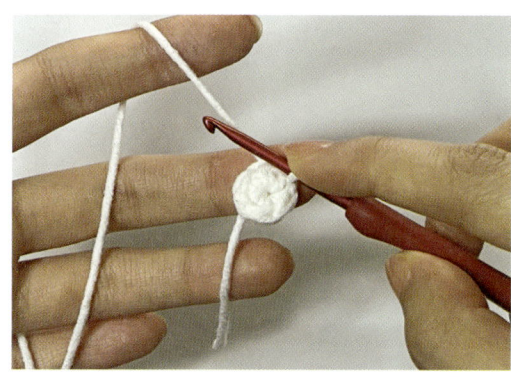

치아 B 만들기

1단   매직링 - 짧은뜨기 6 (총 6코)
2단   짧은뜨기 평단(한 코에 짧은뜨기 하나씩 떠 주세요) (총 6코)
   ◎ 뜨기를 잠시 멈춥니다.

2   같은 실로 치아의 반대쪽 다리(치아 B)를 뜹니다.

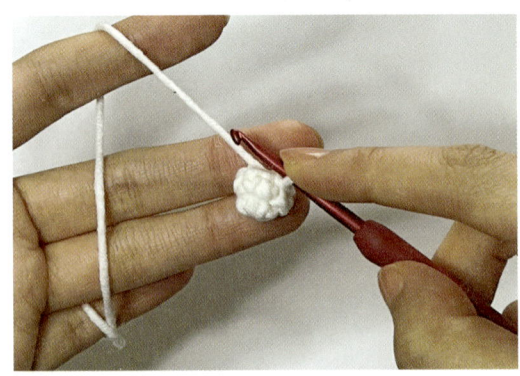

치아 A와 B 연결하기 및 마무리

3단   (치아A)짧은뜨기 6 - (치아B)짧은뜨기 6 (총 12코)
4단   {짧은뜨기 3 - 늘리기1} * 3번 반복 (총 15코)
5단   {짧은뜨기 1 - 짧은뜨기 늘리기 1 - 짧은뜨기 3} * 3번 반복 (총 18코)
6단   짧은뜨기 평단(한 코에 짧은뜨기 하나씩 해 주세요) (총 18코)
7단   {짧은뜨기 1 - 짧은뜨기 줄이기 1} * 6번 반복 (총 12코)
8단   짧은뜨기 줄이기 6 (총 6코)

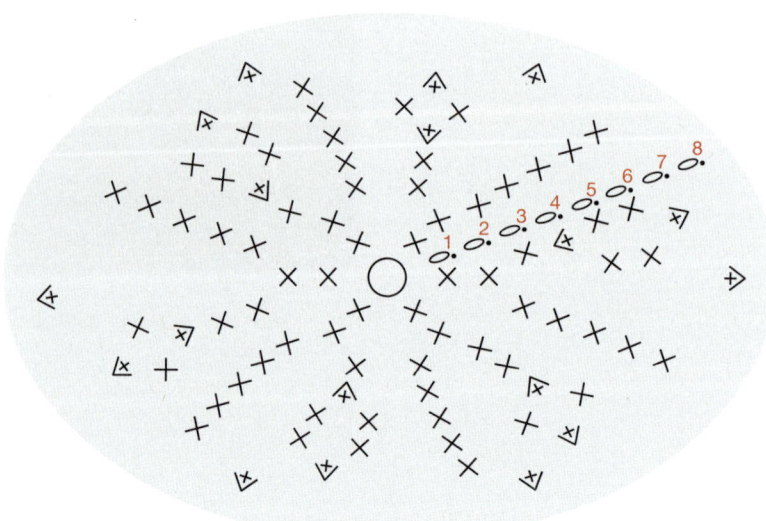

3   치아 B에 바늘이 걸려 있는 상태에서 치아 A를 가져와 이어 뜹니다. 치아 A의 꼬리실을 숨기며 함께 뜹니다.

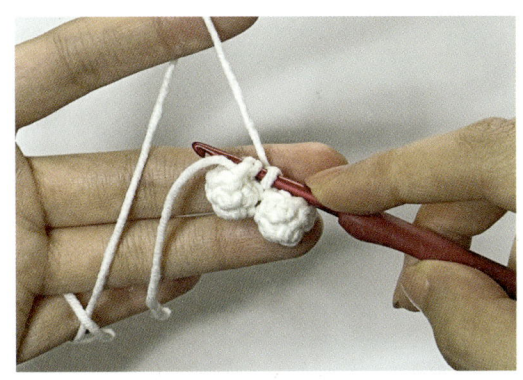

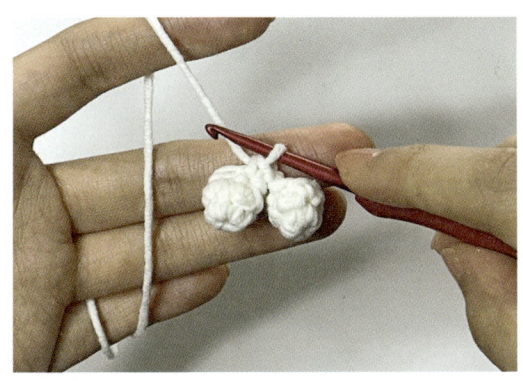

4   블랙 실 한 가닥만 사용해 눈과 눈썹을 자수 놓아 주세요. 눈은 5단과 6단 사이에 자수 놓은 후 속에 솜을 채우고 돗바늘로 마무리합니다.

바다 토끼 인형

토끼처럼 생긴 귀여운 바다 생물 '꼬마비로드갯민숭달팽이'를 모티브로 만든 인형이에요.
작고 하얀 몸에 토끼 귀 같은 돌기를 가지고 있어 '바다 토끼'라 불리는 귀여운 친구예요.
동글동글하고 폭신한 매력을 살려 아기자기하게 표현했답니다.
실제 존재하는 작고 귀여운 해양 생물을 코바늘로 표현하는 재미가 있습니다.

기본 정보

사용 실   착하면 001(스노우), 049(블랙)

사용 도구   모사용 코바늘 5호(3.0mm), 돗바늘, 가위, 솜, 순간접착제

주의 사항

• 모든 단의 시작은 기둥사슬 1코이며, 모든 단의 마지막은 첫 코에 빼뜨기로 마무리합니다.

몸통 만들기

1단   매직링 - 짧은뜨기 6 (총 6코)

2단   짧은뜨기 늘리기 6 (총 12코)

3단   {짧은뜨기 1 - 짧은뜨기 늘리기 1} * 6번 반복 (총 18코)

4단   {짧은뜨기 늘리기 1 - 짧은뜨기 2} * 6번 반복 (총 24코)
　　　➡ 뜨기를 잠시 멈춥니다.

5~14단   짧은뜨기 평단(한 코에 짧은뜨기 하나씩 떠주세요) (총 24코)

15단   {짧은뜨기 줄이기 1 - 짧은뜨기 2} * 6번 반복 (총 18코)

16단   {짧은뜨기 1 - 짧은뜨기 줄이기 1} * 6번 반복 (총 12코)
　　　➡ 몸통에 솜을 채워주세요.

17단   짧은뜨기 줄이기 6 (총 6코)

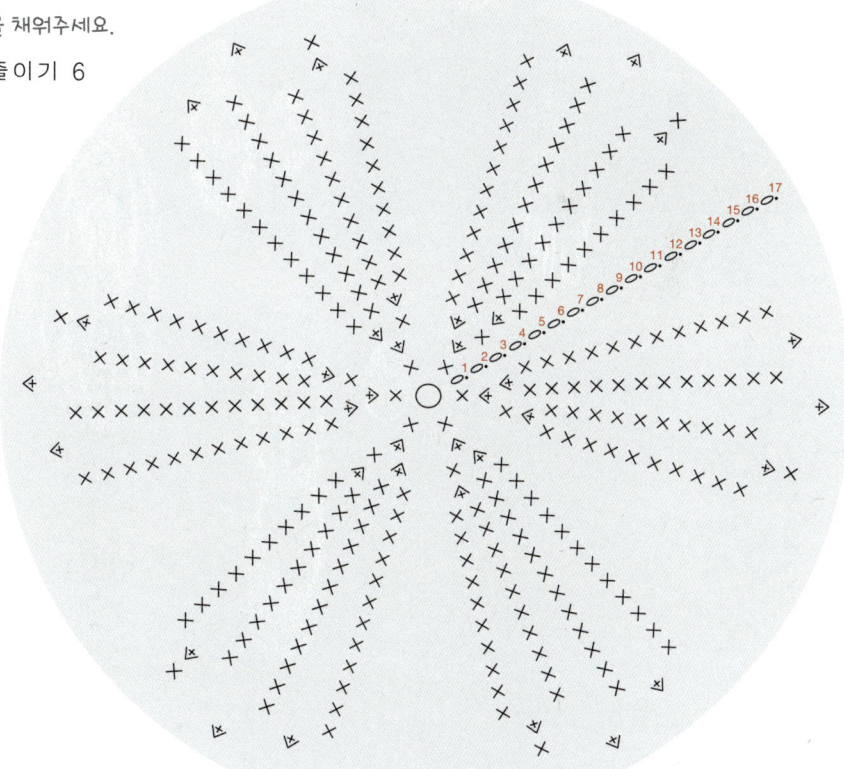

1 스노우 실로 4단까지 바다 토끼의 몸통을 뜹니다.

2 블랙 실 두 가닥만 사용해 매직링 구멍에는 코를, 1단과 2단 사이에 눈을 자수 놓아줍니다.

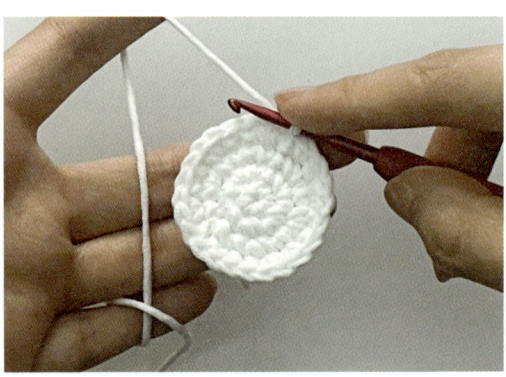

3 같은 실로 몸통을 이어 뜹니다. 16단까지 뜨고 몸통에 솜을 채운 후 이어 뜹니다. 실을 자르고 돗바늘로 마무리합니다.

귀 만들기

1단　매직링 - 짧은뜨기 4 (총 4코)
2단　{짧은뜨기 1 - 짧은뜨기 늘리기 1} * 2번 반복 (총 6코)
3단　짧은뜨기 평단(한 코에 짧은뜨기 하나씩 떠주세요) (총 6코)
4단　{짧은뜨기 1 - 짧은뜨기 줄이기 1} * 2번 반복 (총 4코)

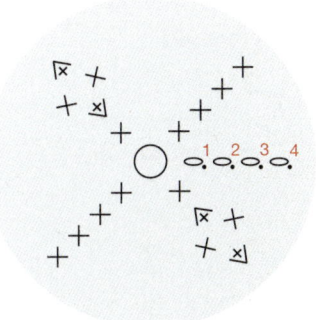

4 블랙 실로 귀를 뜹니다. 여유 실을 남겨 자르고 돗바늘로 마무리합니다. 과정을 반복해 2개의 귀를 떠주세요.

◯ 크기가 차이 나지 않도록 손땀을 일정하게 떠주세요.

5 여유 실로 몸통 5단에 귀를 연결합니다.

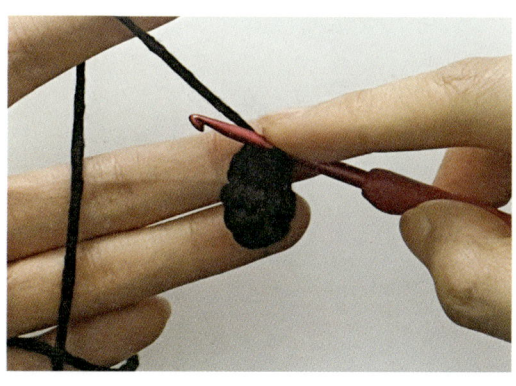

6 스노우 실을 여유 있게 잘라 귀에 무늬를 자수 놓아줍니다.

꼬리 만들기 및 마무리

1단 매직링 - {사슬뜨기 3 - 짧은뜨기 2 - 매직링 구멍에 빼뜨기} *
    5번 반복

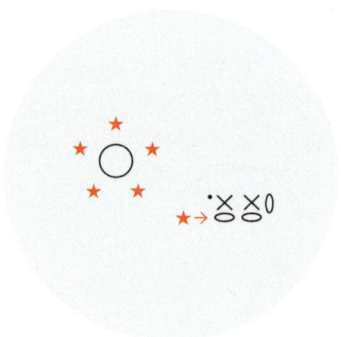

7 블랙 실로 꼬리를 뜹니다. 여유 실을 남겨 자르고 돗바늘로 마무리합니다.

8 여유 실 두 가닥을 사용해 몸통 14~16단에 걸쳐 꼬리를 연결합니다.

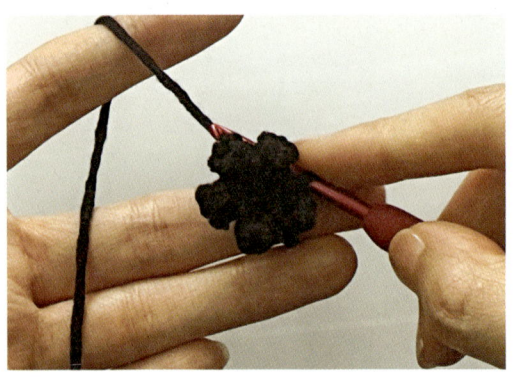

조개 인형

조개 속에서 반짝이는 진주를 귀엽게 표현한 인형이에요.
살짝 열린 조개 안에 동그란 진주가 앉아 있는 모습이 마치 조개가 아기를 품고 있는 것처럼 보입니다.
단순한 기법을 사용하지만 구조적으로 형태를 만들어가는 과정이 재미있어요.
여름과 바다에 잘 어울리는 인형이라 시원한 느낌의 색감으로 뜨는 걸 추천합니다.

기본 정보

사용 실 착하면 001(스노우), 003(살구), 049(블랙), 052(스카이블루)

사용 도구 모사용 코바늘 5호(3.0mm), 돗바늘, 가위, 솜, 순간접착제

주의 사항

- 모든 단의 시작은 기둥사슬 1코이며, 모든 단의 마지막은 첫 코에 빼뜨기로 마무리합니다.

조개 속 만들기

1단	매직링 - 짧은뜨기 6 (총 6코)
2단	짧은뜨기 늘리기 6 (총 12코)
3단	{짧은뜨기 1 - 짧은뜨기 늘리기 1} * 6번 반복 (총 18코)
4단	{짧은뜨기 늘리기 1 - 짧은뜨기 2} * 6번 반복 (총 24코)
5단	{짧은뜨기 3 - 짧은뜨기 늘리기 1} * 6번 반복 (총 30코)

1 살구 실로 조개의 속을 뜹니다. 실을 자르고 돗바늘로 마무리합니다.

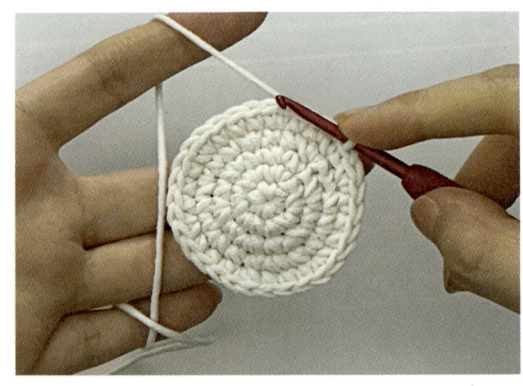

조개껍데기 만들기

1단 매직링 - 짧은뜨기 6 (총 6코)
2단 짧은뜨기 늘리기 6 (총 12코)
3단 {짧은뜨기 1 - 짧은뜨기 늘리기 1} * 6번 반복 (총 18코)
4단 {짧은뜨기 늘리기 1 - 짧은뜨기 2} * 6번 반복 (총 24코)
5단 {짧은뜨기 3 - 짧은뜨기 늘리기 1} * 6번 반복 (총 30코)
    ◐ 뜨기를 잠시 멈춥니다.
6단 짧은뜨기 평단(한 코에 짧은뜨기 하나씩 떠주세요) (총 30코)
7단 짧은뜨기 늘리기 1 - 짧은뜨기 2 - 짧은뜨기 늘리기 1 - 사슬뜨기 1 - 편물 뒤집기 (총 6코)
8단 짧은뜨기 평단(한 코에 짧은뜨기 하나씩 떠주세요) (총 6코)

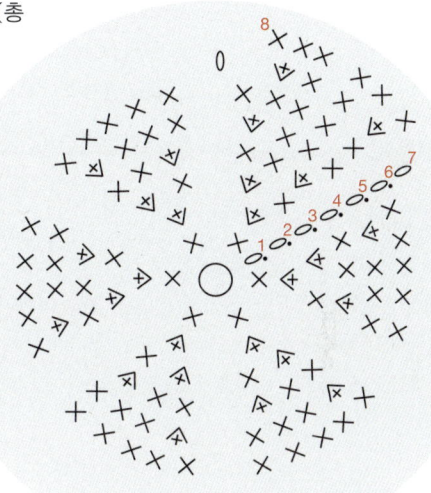

2 스카이블루 실로 5단까지 조개껍데기를 뜹니다.

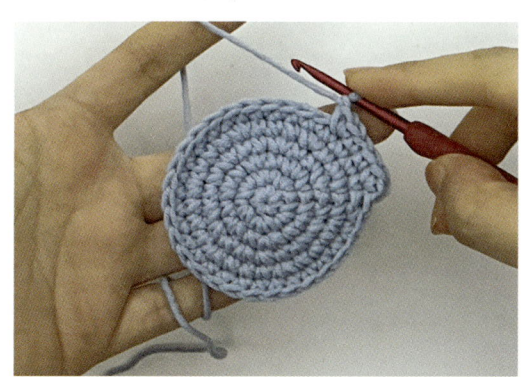

3 6단부터 조개 속과 껍데기를 안쪽끼리 겹쳐 뜹니다. 실을 자르고 돗바늘로 마무리합니다.

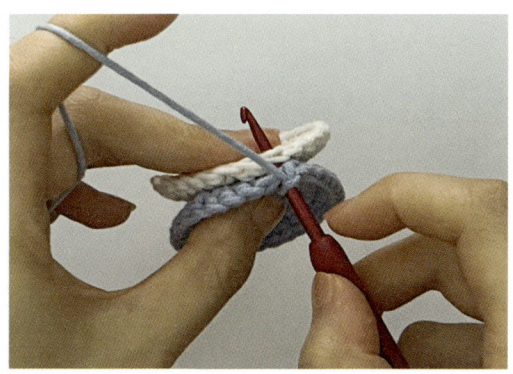

4 과정을 반복해 조개 속과 껍데기 두 세트를 만들어주세요.

◯ 크기가 차이 나지 않도록 손땀을 일정하게 떠주세요.

진주 만들기

1단   매직링 - 짧은뜨기 7 (총 7코)

2단   짧은뜨기 늘리기 7 (총 14코)

3~4단 짧은뜨기 평단(한 코에 짧은뜨기 하나씩 떠주세요)
     (총 14코)

5단   짧은뜨기 줄이기 7 (총 7코)

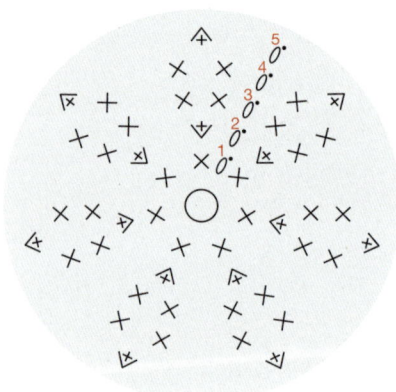

5 스노우 실로 진주를 뜹니다.

6 블랙 실로 진주의 눈과 코를 자수 놓은 후 진주 속에 솜을 채워줍니다. 눈은 1단과 2단 사이, 코는 매직링 구멍에 자수 놓아주세요. 실을 자르고 돗바늘로 마무리합니다.

진주 손 만들기 및 마무리

1단   매직링 - 짧은뜨기 6 (총 6코)
2단   짧은뜨기 평단(한 코에 짧은뜨기 하나씩 떠주세요) (총 6코)

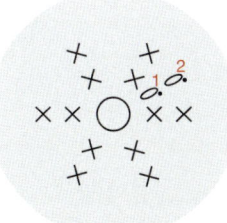

7   스노우 실로 진주의 손을 뜹니다. 실을 자르고 돗바늘로 마무리합니다. 과정을 반복해 2개의 손을 만듭니다.

◉ 크기가 차이 나지 않도록 손땀을 일정하게 떠주세요.

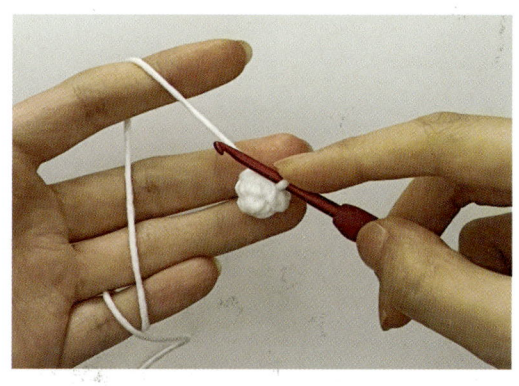

8   조개끼리 먼저 연결합니다. 껍데기 6단 안쪽 면을 겹쳐 순간접착제로 붙입니다.

9   순간접착제로 원하는 위치에 진주를 붙인 후 손도 고정해 주세요.

개복치 인형

개복치를 모티브로 만든 인형입니다.
납작한 형태라 귀여운 키링으로 만들기 딱 좋아요.
타원형을 먼저 뜬 후 짧은뜨기 평단으로 몸통을 완성하는 간단한 구조라 초보자도 쉽게 뜰 수 있어요.
개복치 특유의 둥글고 순한 표정이 일상에 소소한 힐링을 선물할 거예요.
반려 개복치 한 마리 입양해 보는 건 어떨까요?

기본 정보

사용 실 착하면 049(블랙), 052(스카이블루), 062(스포티 스카이)

사용 도구 모사용 코바늘 5호(3.0mm), 돗바늘, 가위, 솜, 순간접착제

주의 사항

• 모든 단의 시작은 기둥사슬 1코이며, 모든 단의 마지막은 첫 코에 빼뜨기로 마무리합니다.

몸통 만들기

1단 　사슬뜨기 5 - (바늘에서 두 번째 코부터) 짧은뜨기 3 - 짧은뜨기 세 코 늘려뜨기 1 - 짧은뜨기 2 - 짧은뜨기 늘리기 1 (총 10코)

2단 　짧은뜨기 늘리기 1 - 짧은뜨기 2 - 짧은뜨기 늘리기 3 - 짧은뜨기 2 - 짧은뜨기 늘리기 2 (총 16코)

3단 　짧은뜨기 1 - 짧은뜨기 늘리기 1 - 짧은뜨기 2 - {짧은뜨기 1 - 짧은뜨기 늘리기 1} * 3번 반복 - 짧은뜨기 2 - {짧은뜨기 1 - 짧은뜨기 늘리기 1} * 2번 반복 (총 22코)

4~9단 　짧은뜨기 평단(한 코에 짧은뜨기 하나씩 떠주세요) (총 22코)

10단 　{짧은뜨기 9 - 짧은뜨기 줄이기 1} * 2번 반복 (총 20코)

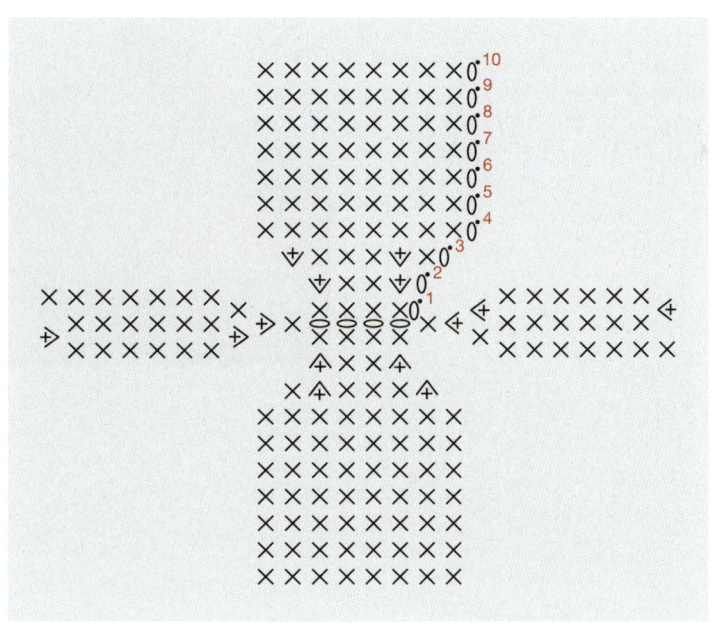

1 스카이블루 실로 몸통을 뜹니다. 실을 자르고 돗바늘로 마무리합니다.

2 블랙 실 두 가닥을 사용해 왼쪽 눈은 3단과 4단 사이, 오른쪽 눈은 4단과 5단 사이에 자수 놓아주세요. 코는 눈 사이 4단 중간쯤에 자수 놓아주세요.

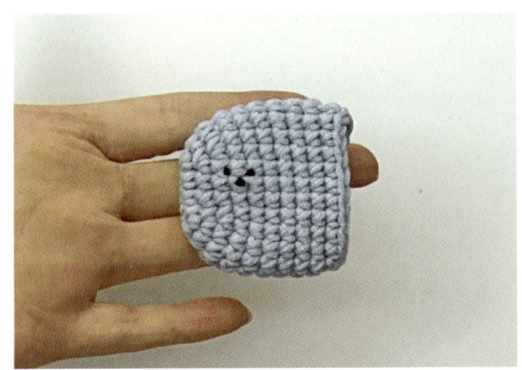

꼬리 만들기

11단 {(짧은뜨기 1 - 긴뜨기 1 - 한길긴뜨기 1) - (한길긴뜨기 1 - 긴뜨기 1 - 짧은뜨기 1)} * 5번 반복 (총 30코)

3 몸통에 솜을 약간 채운 후 반으로 접어 스포티스카이 실로 몸통에 이어 꼬리를 뜹니다. 실을 자르고 돗바늘로 마무리합니다.

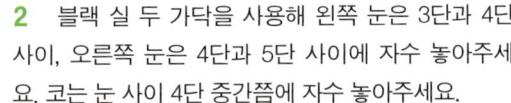
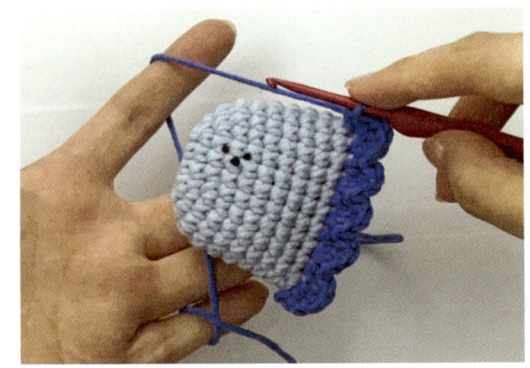

지느러미 만들기

1단 매직링 - 짧은뜨기 8 (총 8코)
2~3단 짧은뜨기 평단(한 코에 짧은뜨기 하나씩 떠주세요) (총 8코)

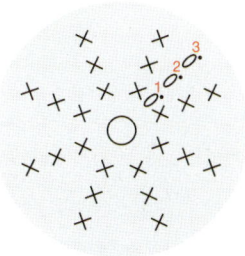

4 같은 실로 지느러미를 뜹니다. 실을 남겨 자르고 돗바늘로 마무리합니다. 과정을 반복해 2개의 지느러미를 뜹니다.

▶ 크기가 차이 나지 않도록 손땀을 일정하게 떠주세요.

5 순간접착제로 몸통에 지느러미를 붙여줍니다.

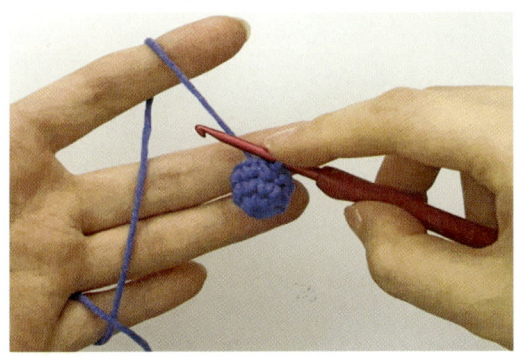

가운데 지느러미 만들기 및 마무리

1단 매직링 - {짧은뜨기 1 - 긴뜨기 1 - 짧은뜨기 1} * 2번 반복 (총 6코)

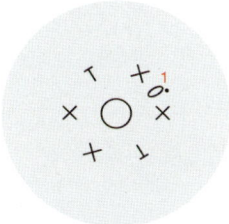

6 같은 실로 가운데 지느러미를 뜹니다. 실을 잘라 돗바늘로 마무리하고 순간접착제로 몸통에 붙여줍니다.

은방울꽃 요정 인형

은방울꽃 요정을 연상시키는 인형입니다.
동그란 얼굴과 후드 원피스가 귀여운 인형이에요.
뜨는 과정이 다소 복잡할 수 있지만 완성 후 만족도가 높은 작품입니다.
색상이나 꽃을 바꿔 다양한 요정 시리즈로 만들 수도 있습니다.
다양한 요정 시리즈를 만들어 피규어처럼 모아두면 인테리어 장식용으로 활용 만점입니다.

기본 정보

사용 실 착하면 001(스노우), 049(블랙), 해피코튼 784 (연카키라임)

사용 도구 모사용 코바늘 5호(3.0mm), 솜, 가위, 돗바늘, 순간접착제

주의 사항

• 모든 단의 시작은 기둥사슬 1코이며, 모든 단의 마지막은 첫 코에 빼뜨기로 마무리합니다.

얼굴 만들기

1단   짧은뜨기 7 (총 7코)
2단   짧은뜨기 늘리기 7 (총 14코)
3단   {짧은뜨기 1 - 짧은뜨기 늘리기 1} * 7번 반복 (총 21코)
4단   {짧은뜨기 늘리기 1 - 짧은뜨기 2} * 7번 반복 (총 28코)
5~8단 짧은뜨기 평단(한 코에 짧은뜨기 하나씩 떠주세요) (총 28코)
9단   {짧은뜨기 2 - 짧은뜨기 줄이기 1} * 7번 반복 (총 21코)
10단 {짧은뜨기 줄이기 1 - 짧은뜨기 1} * 7번 반복 (총 14코)
   ◉ 뜨기를 잠시 멈춥니다.
11단 짧은뜨기 줄이기 7 (총 7코)

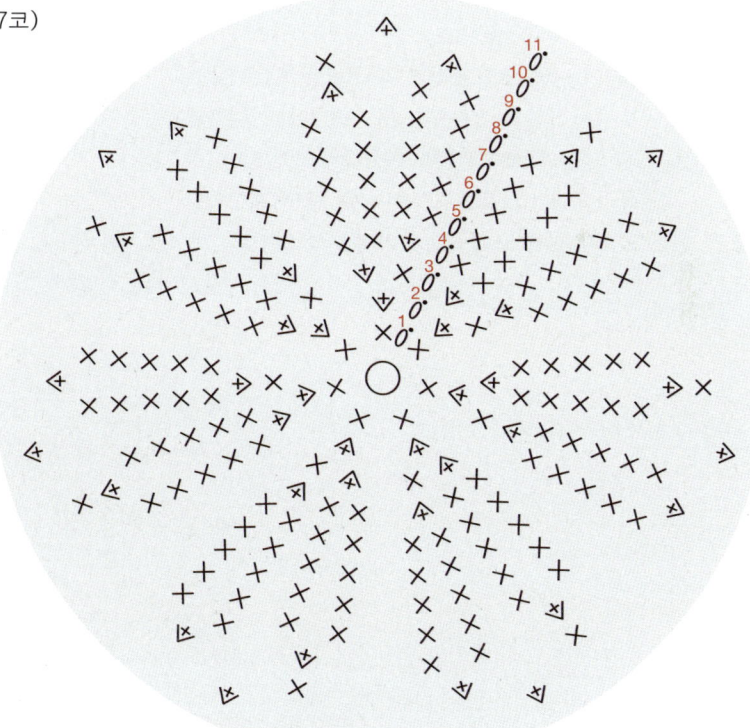

1 스노우 실로 10단까지 얼굴을 뜹니다.

2 블랙 실 두 가닥을 사용해 5단과 6단 사이에 눈을, 6단과 7단 사이에 코를 자수 놓아줍니다. 얼굴에 솜을 채워 넣은 후 같은 실로 이어 뜹니다. 실을 자르고 돗바늘로 마무리합니다.

후드 만들기

1단	매직링 - 짧은뜨기 8 (총 8코)
2단	짧은뜨기 늘리기 8 (총 16코)
3단	{짧은뜨기 1 - 짧은뜨기 늘리기 1} * 8번 반복 (총 24코)
4단	{짧은뜨기 늘리기 1 - 짧은뜨기 2} * 8번 반복 (총 32코)
5~7단	짧은뜨기 평단(한 코에 짧은뜨기 하나씩 떠주세요) (총 32코)
8단	{짧은뜨기 줄이기 1 - 짧은뜨기 2} * 8번 반복 (총 24코)
9단	짧은뜨기 평단(한 코에 짧은뜨기 하나씩 떠주세요) (총 24코)

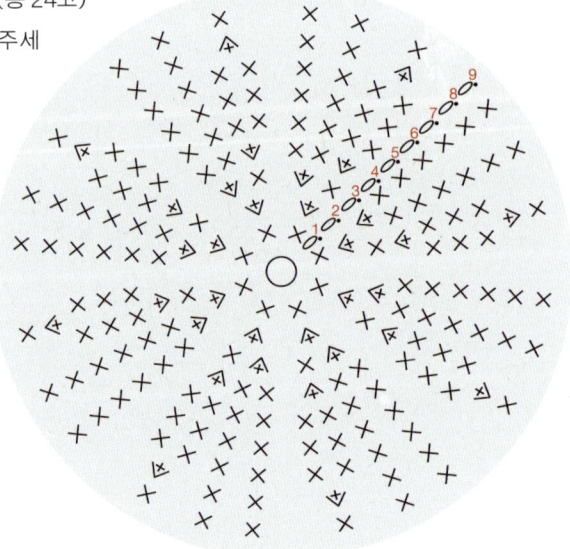

3 연카키라임 실로 후드를 뜹니다. 실을 자르고 돗바늘로 마무리합니다.

몸통 만들기

1단	사슬뜨기 20 - 첫 코에 빼뜨기 - 짧은뜨기 20 (총 20코)
2단	짧은뜨기 5 - 짧은뜨기 늘리기 1 - 짧은뜨기 9 - 짧은뜨기 늘리기 1 - 짧은뜨기 4 (총 22코)
3단	짧은뜨기 5 - 짧은뜨기 늘리기 1 - 짧은뜨기 10 - 짧은뜨기 늘리기 1 - 짧은뜨기 5 (총 24코)
4단	짧은뜨기 평단(한 코에 짧은뜨기 하나씩 떠주세요) (총 24코)
5단	짧은뜨기 5 - 짧은뜨기 늘리기 1 - 짧은뜨기 11 - 짧은뜨기 늘리기 1 - 짧은뜨기 6 (총 26코)
6단	짧은뜨기 평단(한 코에 짧은뜨기 하나씩 떠주세요) (총 26코)

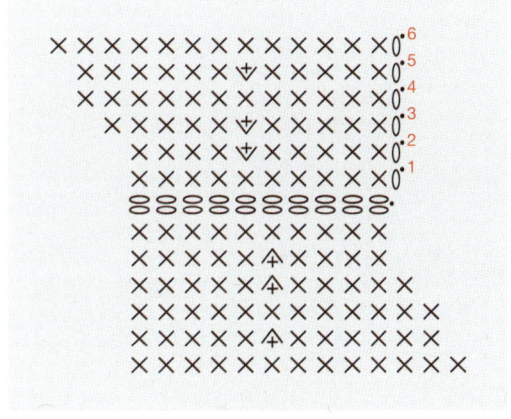

4 같은 실로 몸통을 뜹니다. 30cm 정도 여유 실을 남겨 시작합니다. 실을 자르고 돗바늘로 마무리합니다.
◎ 여유 실은 후드와 연결할 때 사용합니다.

팔 만들기

1단 매직링 - 짧은뜨기 6 (총 6코)
2단 {짧은뜨기 2 - 짧은뜨기 늘리기 1} * 2번 반복 (총 8코)
▶ 연카키라임 실로 바꿔 뜹니다.
3~5단 짧은뜨기 평단(한 코에 짧은뜨기 하나씩 떠주세요) (총 8코)

5 스노우 실로 2단까지 팔을 뜹니다. 3단부터 연카키라임 실로 바꿔 이어 뜹니다. 여유 실을 길게 남겨 자르고 돗바늘로 마무리합니다. 과정을 반복해 2개의 팔을 만듭니다.
▶ 여유 실은 몸통과 연결할 때 사용합니다

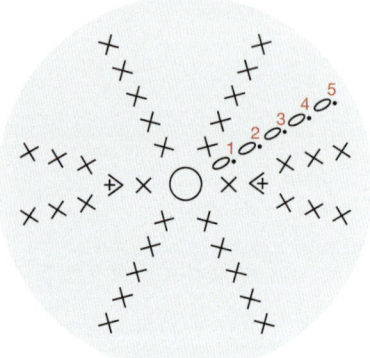

다리 A 만들기

1단 매직링 - 짧은뜨기 9 (총 9코)
2~4단 짧은뜨기 평단(한 코에 짧은뜨기 하나씩 떠주세요) (총 9코)

6 스노우 실로 다리 A를 뜹니다. 실을 자르고 돗바늘로 마무리합니다.

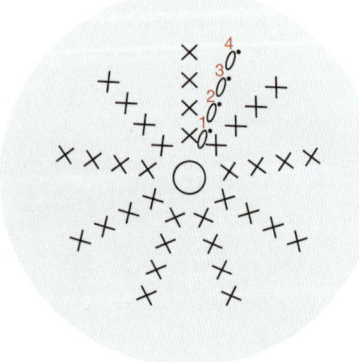

다리 B 만들기

1단   매직링 - 짧은뜨기 9 (총 9코)
2~4단   짧은뜨기 평단(한 코에 짧은뜨기 하나씩 떠주세요) (총 9코)
5단   짧은뜨기 3 - 사슬뜨기 1 - (다리 A에) 짧은뜨기 9 - 사슬뜨기 1 - (다리 B에) 짧은뜨기 6 (총 20코)
6단   짧은뜨기 평단(한 코에 짧은뜨기 하나씩 떠주세요) (총 20코)
7단   짧은뜨기 8 - 짧은뜨기 늘리기 1 - 짧은뜨기 9 - 짧은뜨기 늘리기 1 - 짧은뜨기 1 (총 22코)
8단   짧은뜨기 평단(한 코에 짧은뜨기 하나씩 떠주세요) (총 22코)

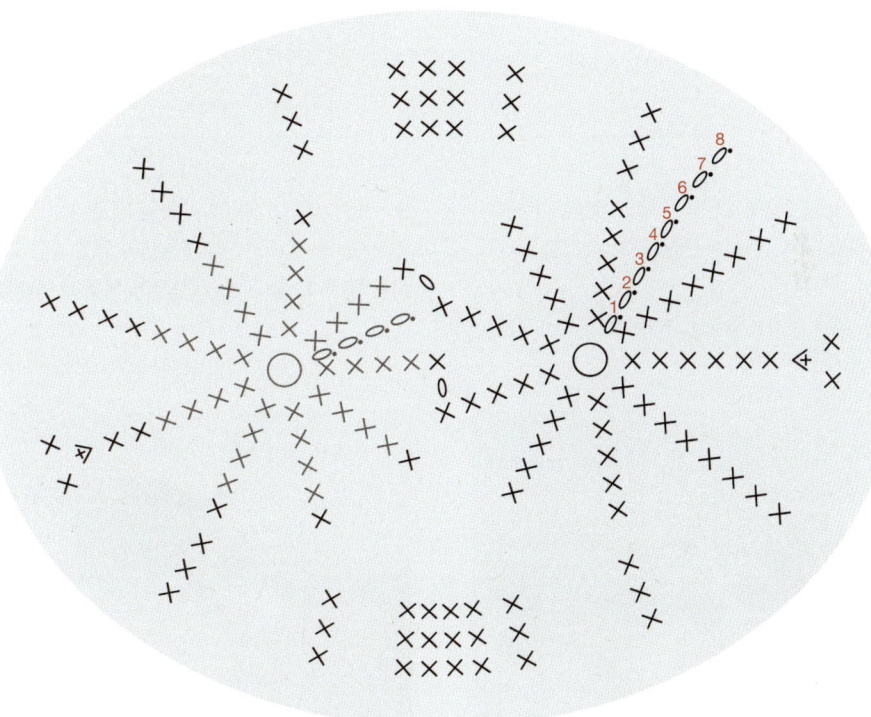

7 같은 실로 다리 B를 뜹니다. 여유 실을 길게 남겨 자른 후 다리 사이 구멍을 메워줍니다.

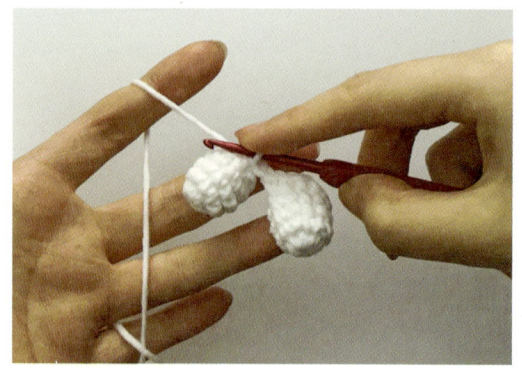 

다리 A와 B 연결하기

8 몸통을 뒤집어 몸통 2단과 다리 1단을 이어줍니다. 겉으로 티가 나지 않도록 편물 안쪽의 코만 돗바늘질합니다.

◎ 실을 너무 세게 당기지 않도록 주의하며 돗바늘질해 주세요.

9 몸통에서 다리까지 솜을 채운 후 여유 실 두 가닥만 사용해 후드와 연결합니다. 몸통 1단의 여유 실을 사용합니다. 팔도 반으로 접어 몸통에 연결해 주세요.

은방울꽃 만들기 및 마무리

1단   매직링 - 짧은뜨기 6 (총 6코)
2단   짧은뜨기 늘리기 6 (총 12코)
3~4단   짧은뜨기 평단(한 코에 짧은뜨기 하나씩 떠주세요) (총 12코)
5단   {(빼뜨기 1 - 짧은뜨기1) - 긴뜨기 늘리기 1 - (짧은뜨기 1 - 빼뜨기 1)} * 4번 반복 (총 24코)
◐ 소괄호 안은 한 코에 뜹니다.

10   스노우 실로 은방울꽃을 뜹니다. 실을 자르고 돗바늘로 마무리한 후 연카키라임 실로 꼭지를 표현합니다. 은방울꽃 편물 안쪽에서 매듭을 지은 후 순간접착제로 고정합니다.

11   순간접착제를 사용해 꽃을 후드에 붙여줍니다. 얼굴을 후드에 끼워 마무리합니다.

센스만점 뜨개 소품

미니 두루마리 휴지 키링

이 도안은 제가 코바늘 뜨개를 시작한 후 처음으로 만든 창작 도안으로 특별한 의미가 있는 작품이에요.
짧은뜨기만으로 긴 편물을 떠서 돌돌 말아 완성하는 간단한 도안입니다.
제작 과정은 쉽지만 포인트가 되는 독특함이 매력적이에요.
두루마리 휴지의 절취선까지 섬세하게 표현한 디테일이 작품의 완성도를 높여줍니다.
코바늘을 처음 시작하는 분들에게 추천하는 도안입니다.

기본 정보

사용 실 착하면 001(스노우), 015(카멜)

사용 도구 모사용 코바늘 5호(3.0mm), 돗바늘, 가위

주의 사항

- 편물을 돌려가며 길게 떠서 두루마리 휴지처럼 말아 완성하는 작품입니다.

두루마리 휴지 만들기 및 마무리

1단	사슬뜨기 6 - (바늘에서 두 번째 코부터) 짧은뜨기 5 - 사슬뜨기 1 - 편물 뒤집기 (총 5코)
2~5단	짧은뜨기 5 - 사슬뜨기 1 - 편물 뒤집기 (총 5코)
	◌ 스노우 실로 바꿔 이어 뜹니다.
6~20단	짧은뜨기 5 - 사슬뜨기 1 - 편물 뒤집기 (총 5코)
21단	(뒷이랑뜨기) 짧은뜨기 5 - 사슬뜨기 1 - 편물 뒤집기 (총 5코)
22~25단	짧은뜨기 5 - 사슬뜨기 1 - 편물 뒤집기 (총 5코)
26단	(앞이랑뜨기) 짧은뜨기 5 - 사슬뜨기 1 - 편물 뒤집기 (총 5코)
27~30단	짧은뜨기 5 - 사슬뜨기 1 - 편물 뒤집기 (총 5코)
31단	(뒷이랑뜨기) 짧은뜨기 5 - 사슬뜨기 1 - 편물 뒤집기 (총 5코)
32~35단	짧은뜨기 5 (총 5코)
	사슬뜨기 1코를 떠 마무리한 후 실을 여유 있게 잘라줍니다.

1   카멜 실로 시작해 휴지 심 부분부터 뜹니다. 6단부터는 스노우 실로 바꿔 이어 뜹니다.

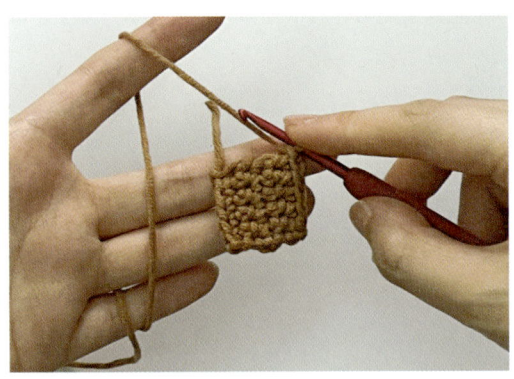 

2   꼬리실을 정리한 후 휴지 심부터 동그랗게 말아 줍니다. 이랑뜨기로 생긴 경계선이 바깥쪽으로 보이게 말아주세요.

3   여유 실을 휴지 안쪽 면으로 넣어서 가장 가까운 경계선까지 옮겨준 후 그대로 연결해 두루마리 모양을 잡아주세요.

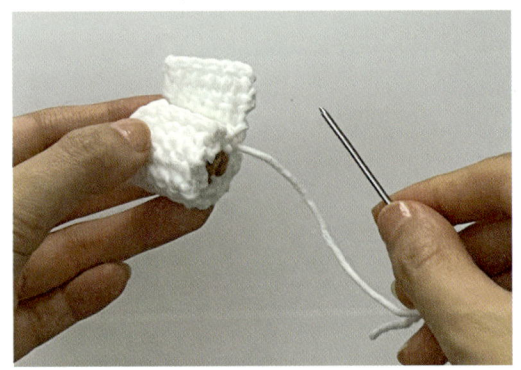 

미니 사각 티슈 키링

두루마리 휴지와 세트인 귀여운 사각 티슈입니다.
직사각형 뜨기를 배울 수 있는 도안이에요.
미니 두루마리 휴지와 함께 키링으로 제작하면 더욱 사랑스럽답니다.
생활용품을 작게 떠서 완성해 일상의 소소한 즐거움을 만들어 보세요.

기본 정보

사용 실 착하면 001(스노우), 011(개나리), 052(스카이블루)

사용 도구 모사용 코바늘 5호(3.0mm), 돗바늘, 가위, 솜

주의 사항

• 모든 단의 시작은 기둥사슬 1코이며, 모든 단의 마지막은 첫 코에 빼뜨기로 마무리합니다.

사각 티슈 만들기

1단   사슬뜨기 8 - (바늘에서 두 번째 코부터) 짧은뜨기 6 - 짧은뜨기 세 코 늘려뜨기 1 - 짧은뜨기 5 - 짧은뜨기 늘리기 1 (총 16코)

2단   짧은뜨기 세 코 늘려뜨기 1 - 짧은뜨기 5 - 짧은뜨기 세 코 늘려뜨기 1 - 짧은뜨기 1 - 짧은뜨기 세 코 늘려뜨기 1 - 짧은뜨기 5 - 짧은뜨기 세 코 늘려뜨기 1 - 짧은뜨기 1 (총 24코)

3단   짧은뜨기 1 - 짧은뜨기 세 코 늘려뜨기 1 - 짧은뜨기 7 - 짧은뜨기 세 코 늘려뜨기 1 - 짧은뜨기 3 - 짧은뜨기 세 코 늘려뜨기 1 - 짧은뜨기 7 - 짧은뜨기 세 코 늘려뜨기 1 - 짧은뜨기 2 (총 32코)

4단   (뒷이랑뜨기) 짧은뜨기 평단(한 코에 짧은뜨기 하나씩 떠주세요) (총 32코)

5~8단   짧은뜨기 평단(한 코에 짧은뜨기 하나씩 떠주세요) (총 32코)

        ◉ 스카이블루 실로 바꿔 이어 뜹니다.

9단   (뒷이랑뜨기) 짧은뜨기 1 - 짧은뜨기 세 코 모아뜨기 1 - 짧은뜨기 7 - 짧은뜨기 세 코 모아뜨기 1 - 짧은뜨기 3 - 짧은뜨기 세 코 모아뜨기 1 - 짧은뜨기 7 - 짧은뜨기 세 코 모아뜨기 1 - 짧은뜨기 2 (총 24코)

10단   짧은뜨기 세 코 모아뜨기 1 - 짧은뜨기 5 - 짧은뜨기 세 코 모아뜨기 1 - 짧은뜨기 1 - 짧은뜨기 세 코 모아뜨기 1 - 짧은뜨기 5 - 짧은뜨기 세 코 모아뜨기 1 - 짧은뜨기 1 (총 16코)

11단   짧은뜨기 5 - 짧은뜨기 세 코 모아뜨기 1 - 짧은뜨기 5 - 짧은뜨기 줄이기 1 (총 12코)

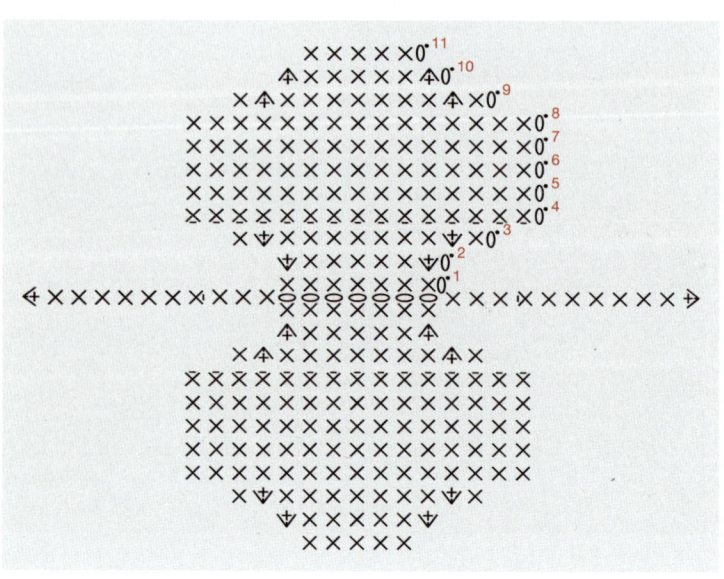

1 개나리 실로 시작해 사각 티슈를 뜹니다. 여유 실은 남기고 잘라주세요.
◐ 여유 실은 휴지와 연결할 때 사용됩니다.

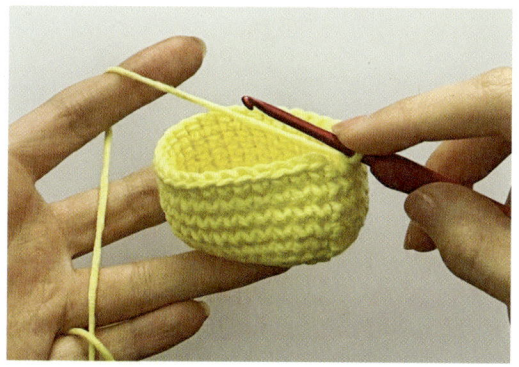 

휴지 만들기 및 마무리

1단   사슬뜨기 5 - (바늘에서 두 번째 코부터) 짧은뜨기 4 - 사슬뜨기 1 - 편물 뒤집기 (총 4코)
2~4단   짧은뜨기 4 - 사슬뜨기 1 - 편물 뒤집기 (총 4코)
5단   짧은뜨기 4 (총 4코)

2 스노우 실로 휴지를 뜹니다. 뜨기를 마친 후 실을 자르고 돗바늘로 마무리합니다.

3 사각 티슈에 휴지를 넣고 사각 티슈의 여유 실로 연결해 마무리합니다.

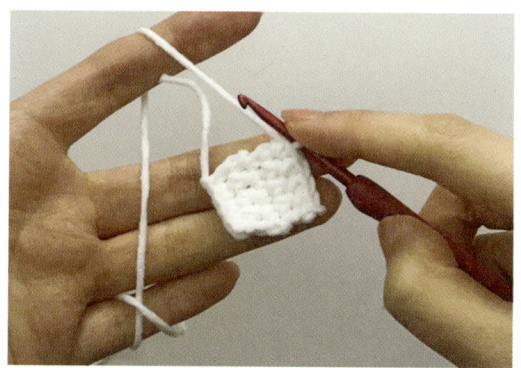 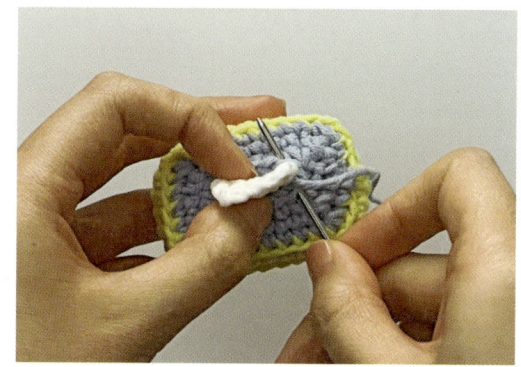

행복 부적

세잎클로버가 달린 행복 부적입니다. 세잎클로버의 꽃말은 행복이라는 걸 알고 있나요?
네잎클로버의 행운보다 세잎클로버의 행복을 선물하고 싶은 마음을 담아 만들었어요.
소중한 사람에게 행복을 전하고 싶을 때 진심 어린 선물이 될 수 있습니다.
작고 간단한 디자인이지만 따뜻한 마음이 담긴 작품이에요.
지갑이나 가방에 넣어 두고 힘든 순간마다 꺼내 볼 수 있는 행복 부적입니다.

기본 정보

사용 실 착하면 001(스노우), 해피코튼 784(연카키라임)

사용 도구 모사용 코바늘 5호(3.0mm), 돗바늘, 가위, 순간접착제

주의 사항

- 편물을 뒤집어가며 뜹니다.

부적 만들기

1단   사슬뜨기 4 - (코바늘에서 두 번째 코부터) 짧은뜨기 3 - 사슬뜨기 1 - 편물 뒤집기 (총 3코)

2단   짧은뜨기 늘리기 1 - 짧은뜨기 1 - 짧은뜨기 늘리기 1 - 사슬뜨기 1 - 편물 뒤집기 (총 5코)

3단   짧은뜨기 늘리기 1 - 짧은뜨기 3 - 짧은뜨기 늘리기 1 - 사슬뜨기 1 - 편물 뒤집기 (총 7코)

4~9단   짧은뜨기 7 - 사슬뜨기 1 - 편물 뒤집기 (총 7코)

10단   짧은뜨기 7 (총 7코)

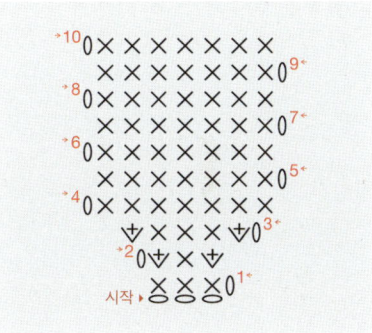

1   스노우 실로 부적을 뜹니다. 10단까지 뜬 후 실을 자르고 돗바늘로 마무리합니다.

2   연카키라임 실로 부적의 테두리를 뜹니다. 한 코나 한 단에 짧은뜨기 하나를 떠주고 코너 부분에는 짧은뜨기 2코를 떠주세요. 실을 자르고 돗바늘로 마무리합니다.

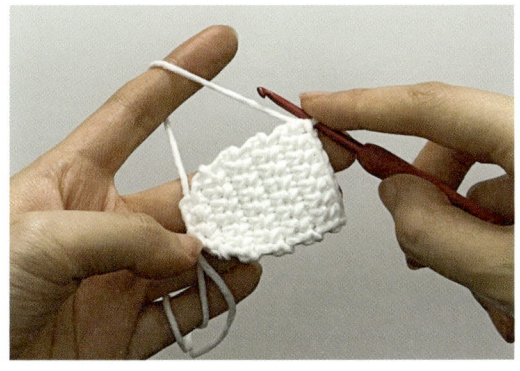

3 과정을 반복해 2개의 부적을 만들어주세요. 부적끼리 연결해야 하기 때문에 부적 하나는 여유 실을 길게 남겨 둡니다.

세잎클로버 만들기 및 마무리

매직링 - {사슬뜨기 3 - 한길긴뜨기 3 - 빼뜨기} * 3번 반복

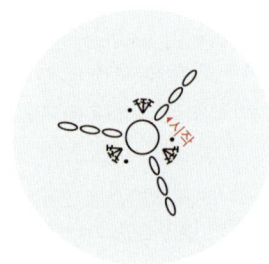

4 세잎클로버를 뜹니다. 실을 길게 남겨 자르고 돗바늘을 사용해 부적에 연결합니다.

5 여유 실로 부적 2개를 마주보는 반 코씩 연결합니다. 연카키라임 실을 20cm 정도로 자르고 두 겹으로 리본을 묶어 순간접착제로 부적에 붙여 마무리합니다.

케이크 티코스터

케이크 단면을 그대로 옮겨놓은 듯한 티코스터입니다.
배색뜨기 기법으로 케이크가 층층이 쌓인 모습을 표현했어요.
배색을 달리하면 초콜릿, 레드벨벳 등 다양한 맛의 케이크 컬렉션을 만들 수 있습니다.
티타임을 더욱 달콤하게 만들어줄 케이크 티코스터를 만들어 보세요.

기본 정보

사용 실 착하면 001(스노우), 011(개나리), 053(밝은빨강), 034(샐러리)

사용 도구 모사용 코바늘 5호(3.0mm), 돗바늘, 가위, 순간접착제

주의 사항

- 편물을 뒤집어가며 뜨는 방식입니다. 배색 시 꼬리실이 뒷면으로 갈 수 있게 신경 쓰며 떠주세요.

케이크 만들기

1단	사슬뜨기 21 - (바늘에서 두 번째 코부터) 짧은뜨기 20 - 사슬뜨기 1 - 편물 뒤집기 (총 20코)
2~4단	짧은뜨기 평단(한 코에 짧은뜨기 하나씩 떠주세요) - 사슬뜨기 1 - 편물 뒤집기 (총 20코)
5~6단	짧은뜨기 평단(한 코에 짧은뜨기 하나씩 떠주세요) - 사슬뜨기 1 - 편물 뒤집기 (2코/16코/2코)
7~8단	짧은뜨기 평단(한 코에 짧은뜨기 하나씩 떠주세요) - 사슬뜨기 1 - 편물 뒤집기 (총 20코)
9~10단	짧은뜨기 평단(한 코에 짧은뜨기 하나씩 떠주세요) - 사슬뜨기 1 - 편물 뒤집기 (2코/16코/2코)
11~14단	짧은뜨기 평단(한 코에 짧은뜨기 하나씩 떠주세요) - 사슬뜨기 1 - 편물 뒤집기 (총 20코)
15단	짧은뜨기 줄이기 1 - 짧은뜨기 16 - 짧은뜨기 줄이기 1 - 사슬뜨기 1 - 편물 뒤집기 (총 18코)
16단	짧은뜨기 줄이기 1 - 짧은뜨기 14 - 짧은뜨기 줄이기 1 - 사슬뜨기 1 - 편물 뒤집기 (총 16코)
17단	(뒷이랑뜨기) {짧은뜨기 1 - (긴뜨기 1 - 한길긴뜨기 1) - (한길긴뜨기 1 - 긴뜨기 1) - 짧은뜨기 1} * 4번 반복 - 사슬뜨기 1 - 편물 뒤집기 (총 24코)
	◉ 소괄호 안은 한 코에 뜹니다.
18단	(17단에서 남은 반 코에 진행) 짧은뜨기 평단(한 코에 짧은뜨기 하나씩 떠주세요) - 사슬뜨기 1 - 편물 뒤집기 (총 16코)
19단	짧은뜨기 줄이기 1 - 짧은뜨기 12 - 짧은뜨기 줄이기 1 - 사슬뜨기 1 - 편물 뒤집기 (총 14코)
20단	짧은뜨기 줄이기 1 - 짧은뜨기 10 - 짧은뜨기 줄이기 1 - 사슬뜨기 1 - 편물 뒤집기 (총 12코)
21단	짧은뜨기 줄이기 1 - 짧은뜨기 8 - 짧은뜨기 줄이기 1 - 사슬뜨기 1 - 편물 뒤집기 (총 10코)
22단	짧은뜨기 줄이기 1 - 짧은뜨기 6 - 짧은뜨기 줄이기 1 - 편물 뒤집기 (총 8코)
23단	짧은뜨기 줄이기 1 - 짧은뜨기 4 - 짧은뜨기 줄이기 1 (총 6코)

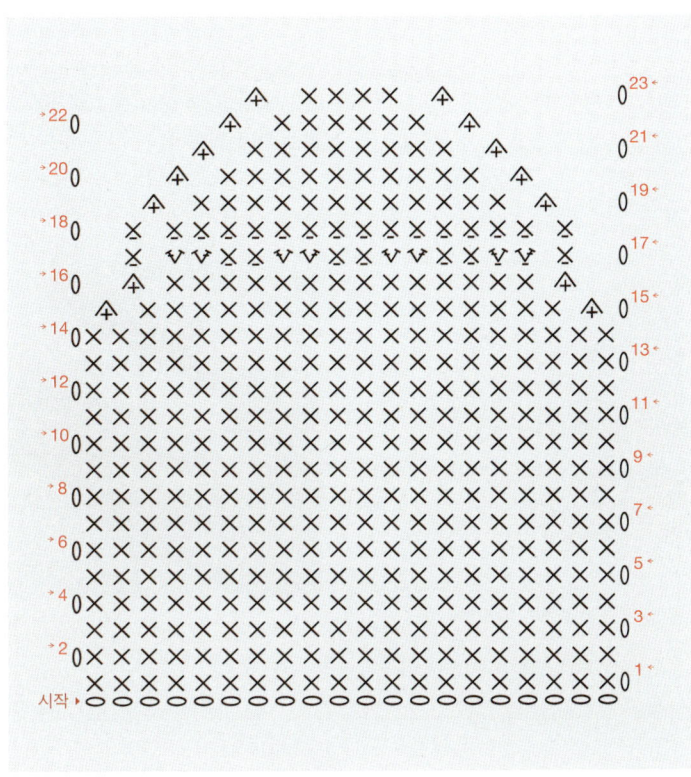

1 개나리 실로 시작해 케이크를 뜹니다. 16단까지 뜹니다.

- 개나리 실을 메인으로, 스노우 실을 배색실로 사용합니다.
- 스노우 실로 뜨는 부분은 음영으로 표시해 두었으니 참고해 주세요.

2 실을 자른 후 17단부터는 스노우 실로 바꿔 이어 뜹니다. 실을 자르고 돗바늘로 마무리합니다.

- 17단은 뒷면을 보고 뒷이랑뜨기합니다.

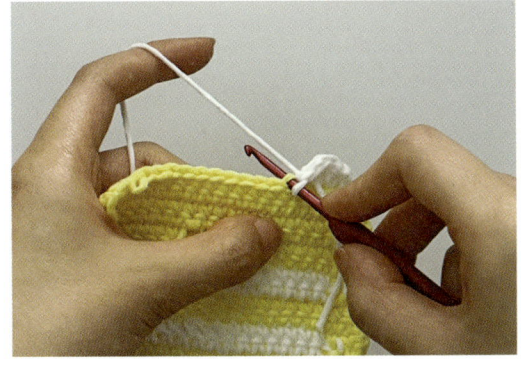

딸기 만들기

1단 매직링 - 짧은뜨기 6 (총 6코)
2단 짧은뜨기 늘리기 1 - 긴뜨기 늘리기 1 - 한길긴뜨기 늘리기 1 - 사슬뜨기 1 - 한길긴뜨기 늘리기 1 - 긴뜨기 늘리기 1 - 짧은뜨기 늘리기 1 (총 13코)

3 밝은빨강 실로 딸기를 뜹니다. 실을 자르고 돗바늘로 마무리합니다.

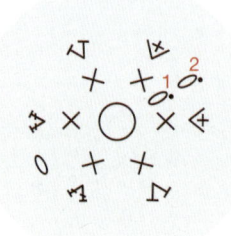

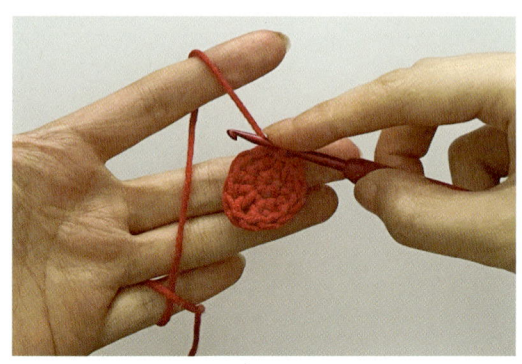

딸기 잎 만들기 및 마무리

1단 매직링 - {사슬뜨기 2 - (매직링 구멍에) 빼뜨기} * 5번 반복

4 샐러리 실로 딸기 잎을 뜹니다. 실을 자르고 돗바늘로 마무리합니다.

5 순간접착제로 딸기와 딸기 잎을 연결하고 케이크에 붙입니다.

도토리 책갈피

작고 귀여운 도토리에 클립을 끼워 만든 책갈피입니다.
클립으로 만들어 사용하기 편하고 책을 손상시키지 않아요.
만드는 과정이 간단해 여러 개를 만들어 선물용으로 활용하기도 좋답니다.
독서 동아리나 친구들에게 나눠주는 작은 선물로 인기가 좋을 것 같아요.

기본 정보

사용 실 착하면 009(더진밤), 015(카멜)

사용 도구 모사용 코바늘 5호(3.0mm), 돗바늘, 가위, 솜, 클립

주의 사항

• 모든 단의 시작은 기둥사슬 1코이며, 모든 단의 마지막은 첫 코에 빼뜨기로 마무리합니다.

도토리 몸통 만들기

1단   매직링 - 짧은뜨기 6 (총 6코)

2단   {짧은뜨기 2 - 짧은뜨기 늘리기 1} * 2번 반복 (총 8코)

3~4단 짧은뜨기 평단(한 코에 짧은뜨기 하나씩 떠주세요) (총 8코)

1   카멜 실로 도토리 몸통을 뜹니다. 실을 자르고 돗바늘로 마무리합니다.

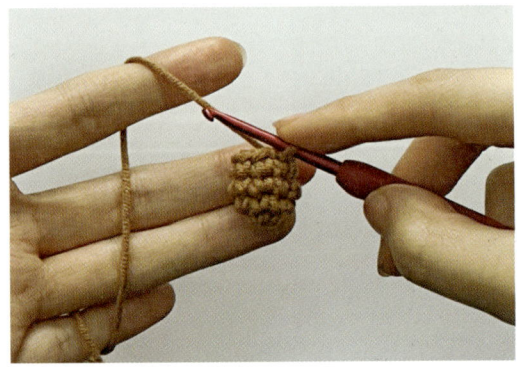

뚜껑 만들기 및 마무리

1단 　매직링 - 짧은뜨기 6 (총 6코)
2단 　짧은뜨기 늘리기 6 (총 12코)
3단 　{짧은뜨기 4 - 짧은뜨기 줄이기 1} * 2번 반복 (총 10코)

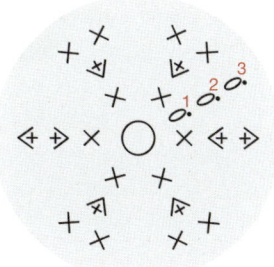

2　더진밤 실로 뚜껑을 뜹니다. 여유 실을 길게 남겨 마무리합니다.

◎ 여유 실은 몸통과 연결할 때 사용합니다.

3　사슬뜨기 3코 후 뚜껑의 매직링 사이로 통과시켜 꼭지를 표현합니다. 편물 안쪽에서 매듭지어 고정해 주세요.

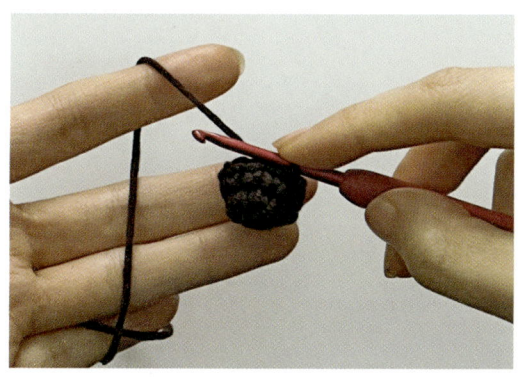

4　몸통에 약간의 솜을 채운 후 뚜껑 안쪽으로 편물을 끼워 넣고 뚜껑의 여유 실을 사용해 돗바늘로 연결합니다. 클립을 벌려 몸통 1단에 통과시킵니다.

5　클립 윗부분에 도토리 모양을 잡아줍니다.

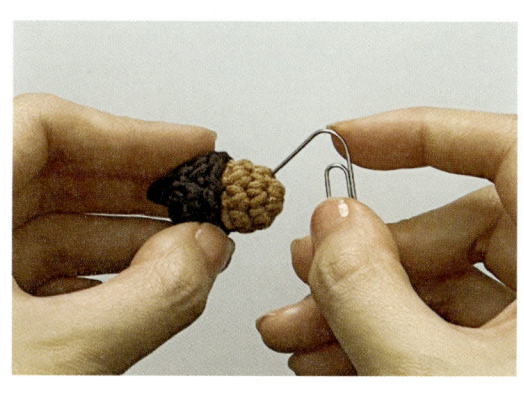

외계인 책갈피

긴 편물에 팔다리를 달아 만든 유니크한 외계인 책갈피입니다.
외계인이 책에 눌린 듯한 모습이 귀여운 책갈피로 단순한 구조지만 확실한 캐릭터성과 재미가 있습니다.
독서를 더 즐겁게 만들어줄 개성 넘치는 책갈피입니다.
SF 소설이나 과학 책의 책갈피로 쓰면 너무 귀여워요.

기본 정보

사용 실 착하면 049(블랙), 071(와사비연두)
사용 도구 모사용 코바늘 5호(3.0mm), 가위, 돗바늘

주의 사항

- 외계인 머리의 시작은 기둥사슬 1코, 마지막은 첫 코에 빼뜨기로 마무리합니다.
- 몸통은 기둥사슬 1코 후 편물을 뒤집어가며 뜹니다.

외계인 머리 만들기

1단	매직링 - 짧은뜨기 6 (총 6코)
2단	짧은뜨기 늘리기 6 (총 12코)
3~4단	짧은뜨기 평단(한 코에 짧은뜨기 하나씩 떠주세요) (총 12코)
5단	{짧은뜨기 4 - 짧은뜨기 줄이기 1} * 2번 반복 (총 10코)
6단	{짧은뜨기 3 - 짧은뜨기 줄이기 1} * 2번 반복 (총 8코)

◎ 뜨기를 잠시 멈춥니다.

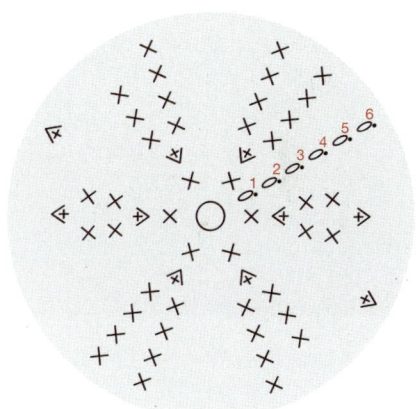

1 여유 실을 30cm 정도 남겨두고 와사비연두 실로 머리부터 뜹니다.

2 6단까지 뜬 후 블랙 실 두 가닥으로 눈은 3단과 4단 사이, 코는 4단과 5단 사이에 자수 놓아주세요. 더듬이는 머리의 여유 실로 편물 안쪽에서 매듭지어 고정한 후 위쪽으로도 매듭을 지어 모양을 표현합니다.

외계인 몸통 만들기

7단	편물을 반으로 접어 짧은뜨기 4 - 사슬뜨기 1 - 편물 뒤집기 (총 4코)
8~51단	짧은뜨기 4 - 사슬뜨기 1 - 편물 뒤집기 (총 4코)
52단	짧은뜨기 4 - 사슬뜨기 1 (총 4코)

3 와사비연두 실로 몸통을 이어 뜹니다. 실을 자르고 돗바늘로 마무리합니다.

◉ 원하는 길이만큼 몸통의 단수를 조절해 떠도 됩니다.

외계인 다리 만들기

사슬뜨기 7 - 바늘에서 세 번째 코(①)에 빼뜨기 1 - 사슬뜨기 3 - 바늘에서 세 번째 코에 빼뜨기 1 - 사슬뜨기 3 - 바늘에서 세 번째 코에 빼뜨기 1 - ①번 부분에 빼뜨기 - 빼뜨기 4 - 시작 부분에 빼뜨기 1

4 몸통 마지막 단의 4코 중 첫 번째 코에서 실을 새로 가져와 발을 뜹니다. 실을 자르고 돗바늘로 마무리합니다.

5 과정을 반복해 반대쪽 발을 뜹니다.
○ 몸통 마지막 단의 4코 중 네 번째 코에서 실을 새로 가져와 반대쪽 발을 뜹니다.

외계인 손 만들기 및 마무리

사슬뜨기 5 - 바늘에서 두 번째 코(②)에 빼뜨기 - 사슬뜨기 2 - 바늘에서 두 번째 코에 빼뜨기 - 사슬뜨기 2 - 바늘에서 두 번째 코에 빼뜨기 - ②번 부분에 빼뜨기 - 빼뜨기 3 - 시작 부분에 빼뜨기

6 앞에서 뜬 외계인 머리 끝부분인 6~7단 사이에 실을 새로 가져와 손을 뜹니다. 실을 자르고 돗바늘로 마무리합니다.

7 과정을 반복해 반대쪽 손도 만들어줍니다.
○ 완성 후 블로킹을 해주면 편물이 돌아가지 않습니다.

레고 보관함

정사각형 모양의 귀엽고 실용적인 보관함입니다.
뚜껑에 레고 블록 모양을 넣어 실제 장난감 같은 디테일을 더했어요.
X자 짧은뜨기로 깔끔하게 뜨는 보관함입니다.
다양한 색의 실로 만들어 작은 장난감이나 뜨개 도구, 문구류를 정리하는 용도로 사용해 보세요.
책상에 두면 인테리어 효과도 있는 보관함입니다.

기본 정보

사용 실 착하면 062(스포티스카이)
사용 도구 모사용 코바늘 5호(3.0mm), 돗바늘, 가위, 단추

주의 사항

- 보관함과 뚜껑의 1단, 레고 장식을 제외한 짧은뜨기는 모두 X자 짧은뜨기로 진행합니다.
- 모든 단의 시작은 기둥사슬 1코이며, 모든 단의 마지막은 첫 코에 빼뜨기로 마무리합니다.

보관함 만들기

1단	매직링 - 짧은뜨기 8 (총 8코)
2단	{짧은뜨기 1 - 짧은뜨기 세 코 늘려뜨기} * 4번 반복 (총 16코)
3단	짧은뜨기 2 - 짧은뜨기 세 코 늘려뜨기 - {짧은뜨기 3 - 짧은뜨기 세 코 늘려뜨기} * 3번 반복 - 짧은뜨기 1 (총 24코)
4단	짧은뜨기 3 - 짧은뜨기 세 코 늘려뜨기 - {짧은뜨기 5 - 짧은뜨기 세 코 늘려뜨기} * 3번 반복 - 짧은뜨기 2 (총 32코)
5단	짧은뜨기 4 - 짧은뜨기 세 코 늘려뜨기 - {짧은뜨기 7 - 짧은뜨기 세 코 늘려뜨기} * 3번 반복 - 짧은뜨기 3 (총 40코)
6단	짧은뜨기 5 - 짧은뜨기 세 코 늘려뜨기 - {짧은뜨기 9 - 짧은뜨기 세 코 늘려뜨기} * 3번 반복 - 짧은뜨기 4 (총 48코)
7단	짧은뜨기 6 - 짧은뜨기 세 코 늘려뜨기 - {짧은뜨기 11 - 짧은뜨기 세 코 늘려뜨기} * 3번 반복 - 짧은뜨기 5 (총 56코)
8단	(뒷이랑뜨기) 짧은뜨기 6 - 짧은뜨기 세 코 모아뜨기 1 - {짧은뜨기 11 - 짧은뜨기 세 코 모아뜨기 1} * 3번 반복 - 짧은뜨기 5 (총 48코)
9~18단	짧은뜨기 평단(한 코에 짧은뜨기 하나씩 떠주세요) (총 48코)

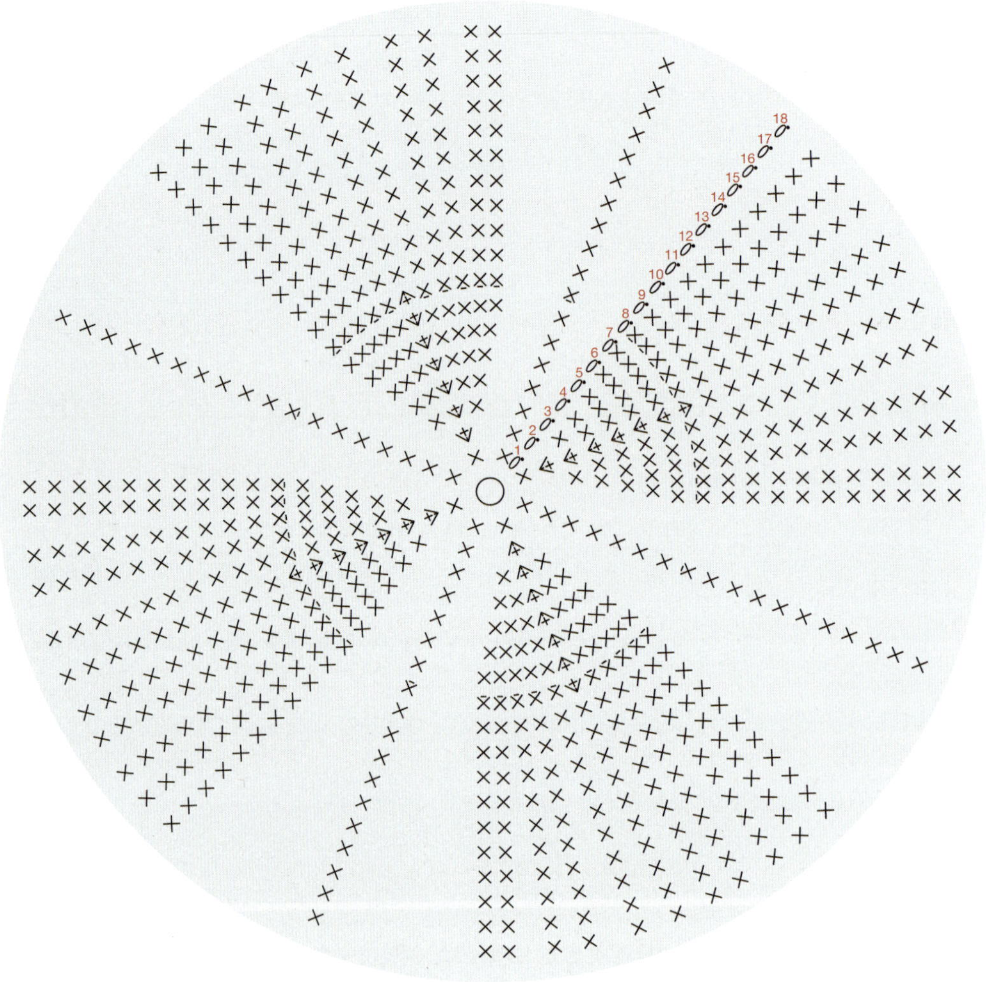

1 보관함을 뜹니다. 18단까지 뜬 후 실을 자르고 돗바늘로 마무리합니다.

2 모서리 부분을 접어 각을 만들어주세요.

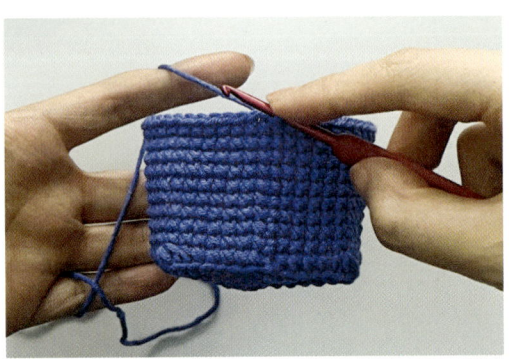

뚜껑 만들기

1단   매직링 - 짧은뜨기 8 (총 8코)
2단   {짧은뜨기 1 - 짧은뜨기 세 코 늘려뜨기} * 4번 반복 (총 16코)
3단   짧은뜨기 2 - 짧은뜨기 세 코 늘려뜨기 - {짧은뜨기 3 - 짧은뜨기 세 코 늘려뜨기} * 3번 반복 - 짧은뜨기 1 (총 24코)
4단   짧은뜨기 3 - 짧은뜨기 세 코 늘려뜨기 - {짧은뜨기 5 - 짧은뜨기 세 코 늘려뜨기} * 3번 반복 - 짧은뜨기 2 (총 32코)
5단   짧은뜨기 4 - 짧은뜨기 세 코 늘려뜨기 - {짧은뜨기 7 - 짧은뜨기 세 코 늘려뜨기} * 3번 반복 - 짧은뜨기 3 (총 40코)
6단   짧은뜨기 5 - 짧은뜨기 세 코 늘려뜨기 - {짧은뜨기 9 - 짧은뜨기 세 코 늘려뜨기} * 3번 반복 - 짧은뜨기 4 (총 48코)
7단   짧은뜨기 6 - 짧은뜨기 세 코 늘려뜨기 - {짧은뜨기 11 - 짧은뜨기 세 코 늘려뜨기} * 3번 반복 - 짧은뜨기 5 (총 56코)
8단   (뒷이랑뜨기) 짧은뜨기 6 - 짧은뜨기 세 코 모아뜨기 1 - {짧은뜨기 11 - 짧은뜨기 세 코 모아뜨기 1} * 3번 반복 - 짧은뜨기 5 (총 48코)
9단   짧은뜨기 25 - 사슬뜨기 7 - (같은 코에) 빼뜨기 1 - 짧은뜨기 23 (총 48코)

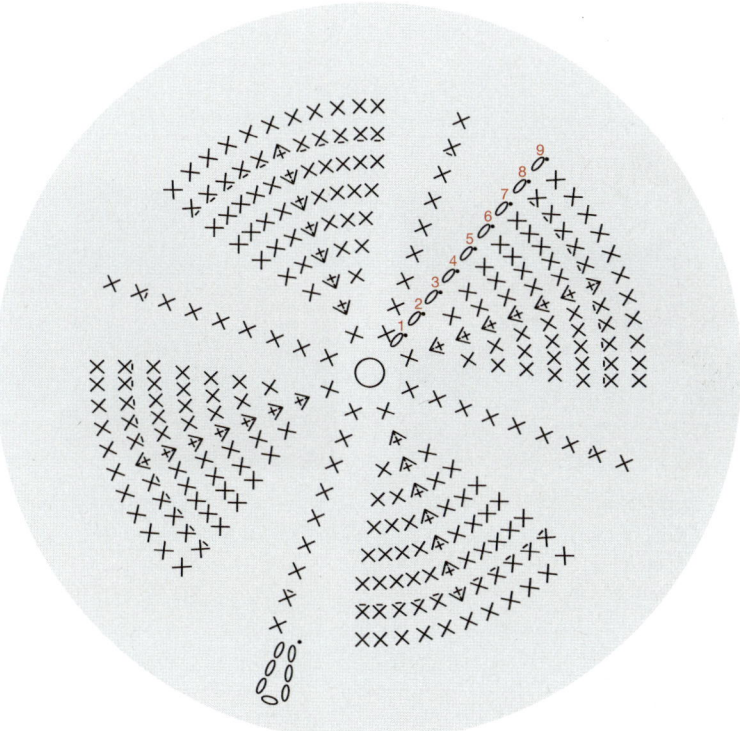

3 뚜껑을 뜹니다. 9단까지 뜬 후 여유 실을 길게 남겨 자르고 돗바늘로 마무리합니다. 모서리 부분을 접어 각을 만들어주세요.

레고 장식 만들기 및 마무리

1단   매직링 - 짧은뜨기 6 (총 6코)
2단   짧은뜨기 늘리기 6 (총 12코)
3단   (뒷이랑뜨기) 짧은뜨기 평단(한 코에 짧은뜨기 하나씩 떠주세요) (총 12코)

4 레고 모양 장식을 뜹니다. 3단까지 뜬 후 여유 실을 길게 남겨 자른 다음 돗바늘로 마무리합니다.

5 과정을 반복해 장식을 4개 만든 후 여유 실 두 가닥만 사용해 돗바늘로 감침질합니다.

6 뚜껑의 여유 실을 사용해 돗바늘로 보관함과 연결합니다. 뒤쪽 한 면(12코)만 연결해 주세요.

7 실 두 가닥을 사용해 보관함에 단추를 바느질해 달아주세요.

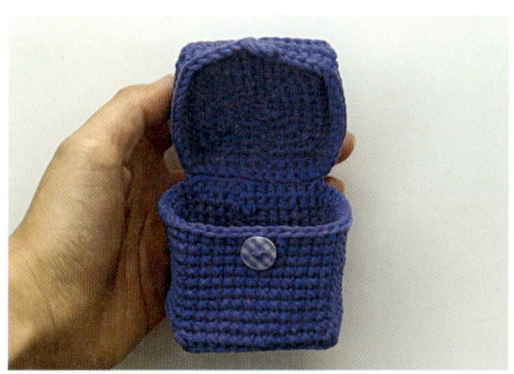

도토리 소품함

뚜껑을 열고 닫는 재미가 있는 도토리 소품함입니다.
작지만 실용적인 크기로, 단수링이나 단추 같은 작은 도구들을 담아 정리하기 좋아요.
도토리를 모으는 다람쥐를 상상하며 도토리 뚜껑이 소품함의 뚜껑이 되도록 디자인했어요.
한 알 한 알 정성스레 도토리를 모으는 다람쥐처럼 책상 위에 올려두고 소소한 인테리어 소품으로 활용해 보세요.
자연스럽게 입체 형태를 뜨는 과정을 따라가다 보면 소품함 하나를 완성해 볼 수 있답니다.

기본 정보

사용 실 착하면 009(더진밤), 015(카멜)

사용 도구 모사용 코바늘 6호(3.5mm), 돗바늘, 가위

주의 사항

- 무사슬 기법을 사용해 뜹니다.

바구니 만들기

1단	매직링 - 짧은뜨기 6 (총 6코)
2단	짧은뜨기 늘리기 6 (총 12코)
3단	{짧은뜨기 1 - 짧은뜨기 늘리기 1} * 6번 반복 (총 18코)
4단	{짧은뜨기 2 - 짧은뜨기 늘리기 1} * 6번 반복 (총 24코)
5단	{짧은뜨기 3 - 짧은뜨기 늘리기 1} * 6번 반복 (총 30코)
6단	{짧은뜨기 늘리기 1 - 짧은뜨기 4} * 6번 반복 (총 36코)
7단	(뒷이랑뜨기) 짧은뜨기 평단(한 코에 짧은뜨기 하나씩 떠주세요) (총 36코)
	◉ 이랑뜨기할 때 뒤의 실 한 가닥을 같이 걸어 뜨면 더 탄탄하게 뜰 수 있습니다.
8~11단	짧은뜨기 평단(한 코에 짧은뜨기 하나씩 떠주세요) (총 36코)
12단	{짧은뜨기 4 - 짧은뜨기 줄이기 1} * 6번 반복 (총 30코)
13~15단	짧은뜨기 평단(한 코에 짧은뜨기 하나씩 떠주세요) (총 30코)
16단	{짧은뜨기 3 - 짧은뜨기 줄이기 1} * 6번 반복 (총 24코)

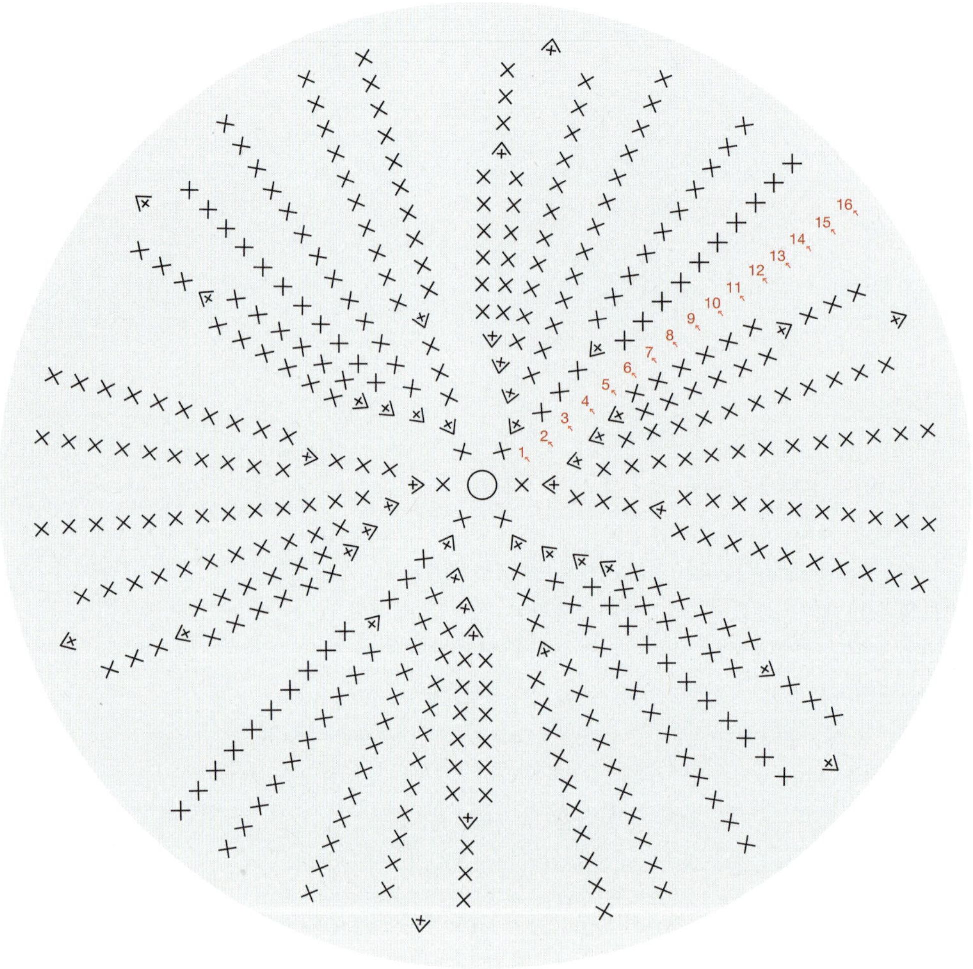

1 카멜 실로 바구니를 뜹니다. 16단까지 뜬 후 실을 자르고 돗바늘로 마무리합니다.

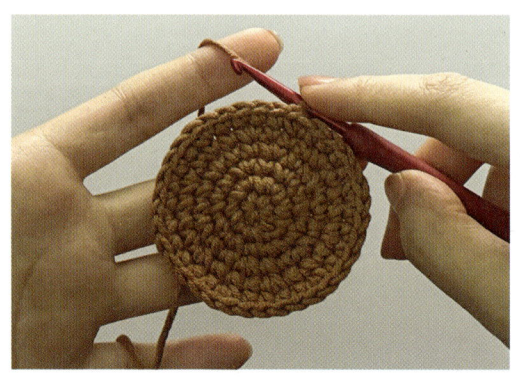

뚜껑 만들기 및 마무리

1단 매직링 - 짧은뜨기 6 (총 6코)
2단 짧은뜨기 늘리기 6 (총 12코)
3단 {짧은뜨기 1 - 짧은뜨기 늘리기 1} * 6번 반복 (총 18코)
4단 {짧은뜨기 2 - 짧은뜨기 늘리기 1} * 6번 반복 (총 24코)
5단 {짧은뜨기 3 - 짧은뜨기 늘리기 1} * 6번 반복 (총 30코)
6단 {짧은뜨기 늘리기 1 - 짧은뜨기 4} * 6번 반복 (총 36코)
7~10단 짧은뜨기 평단(한 코에 짧은뜨기 하나씩 떠주세요) (총 36코)

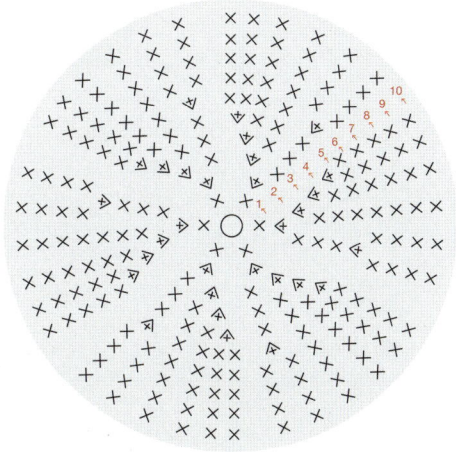

2 더진밤 실로 뚜껑을 뜹니다. 10단까지 뜨고 난 후 실을 자르고 돗바늘로 마무리합니다.

3 같은 실로 이중사슬뜨기 3코를 떠 도토리 뚜껑 꼭지를 만들어주세요. 여유 실을 남기고 잘라줍니다.

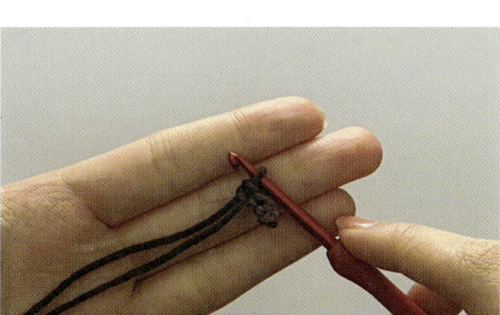

4 시작 실과 여유 실을 뚜껑의 매직링 구멍으로 통과시켜 안쪽에서 매듭을 짓고 고정해 주세요.

단감 파우치

여러분은 단감을 좋아하나요? 단감은 저의 가을철 최애 과일인데요.
가을의 정취를 담은 단감 모양의 앙증맞은 파우치를 만들어 보았습니다.
크기를 비슷하게 만들어 실물과 같은 느낌을 살렸으며 귀여움도 동시에 느낄 수 있답니다.
가을철 소품으로 활용하거나 단감을 좋아하는 이들에게는 특별한 선물이 될 거예요.

기본 정보

사용 실 해피코튼 773(진살구), 착하면 034(샐러리)
사용 도구 모사용 코바늘 5호(3.0mm), 돗바늘, 가위

주의 사항

- 무사슬 기법을 사용해 뜹니다.

파우치 만들기

1단 매직링 - 한길긴뜨기 12 (총 12코)
2단 한길긴뜨기 늘리기 12 (총 24코)
3단 {한길긴뜨기 1 - 한길긴뜨기 늘리기 1} * 12번 반복 (총 36코)
4~6단 한길긴뜨기 평단(한 코에 한길긴뜨기 하나씩 떠주세요) (총 36코)
7단 {한길긴뜨기 4 - 한길긴뜨기 줄이기 1} * 6번 반복 (총 30코)
8단 한길긴뜨기 평단(한 코에 한길긴뜨기 하나씩 떠주세요) (총 30코)
  ◉ 샐러리 실로 바꿔 이어 뜹니다.
9단 {한길긴뜨기 2 - 사슬뜨기 1 - 한 코 건너뛰기 - 한길긴뜨기 3 - 사슬뜨기 1 - 한 코 건너뛰기 - 한길긴뜨기 3 - 사슬뜨기 1 - 한 코 건너뛰기 - 한길긴뜨기 2 - 사슬뜨기 1 - 한 코 건너뛰기 - 한길긴뜨기 1} * 2번 반복 (총 30코)

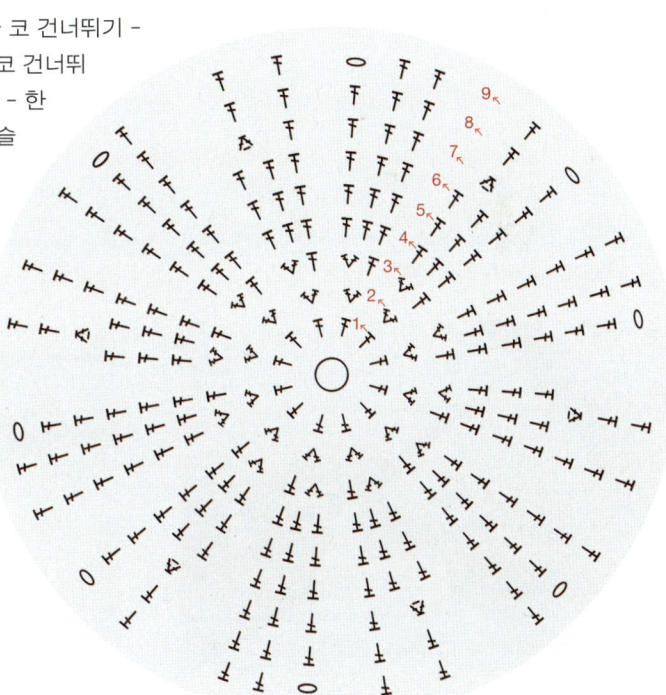

1 진살구 실로 파우치를 뜨기 시작합니다. 8단까지 뜬 후 샐러리 실로 바꿔 이어 뜹니다. 실을 자르고 돗바늘로 마무리합니다.

단감 잎 만들기

1단   매직링 - 짧은뜨기 5 - 사슬뜨기 1 - 편물 뒤집기 (총 5코)
2단   짧은뜨기 1 - 짧은뜨기 늘리기 3 - 짧은뜨기 1- 사슬뜨기 1 - 편물 뒤집기 (총 8코)
3단   짧은뜨기 1 - {짧은뜨기 1 - 짧은뜨기 늘리기 1} * 3번 반복 - 짧은뜨기 1 (총 11코)

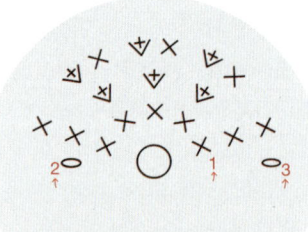

2 샐러리 실로 단감 잎을 뜹니다. 여유 실을 남겨 자르고 돗바늘로 마무리합니다.

3 과정을 반복해 4개의 잎을 만들어주세요.
◐ 크기가 차이 나지 않도록 손땀을 일정하게 떠주세요.

끈 연결 및 마무리

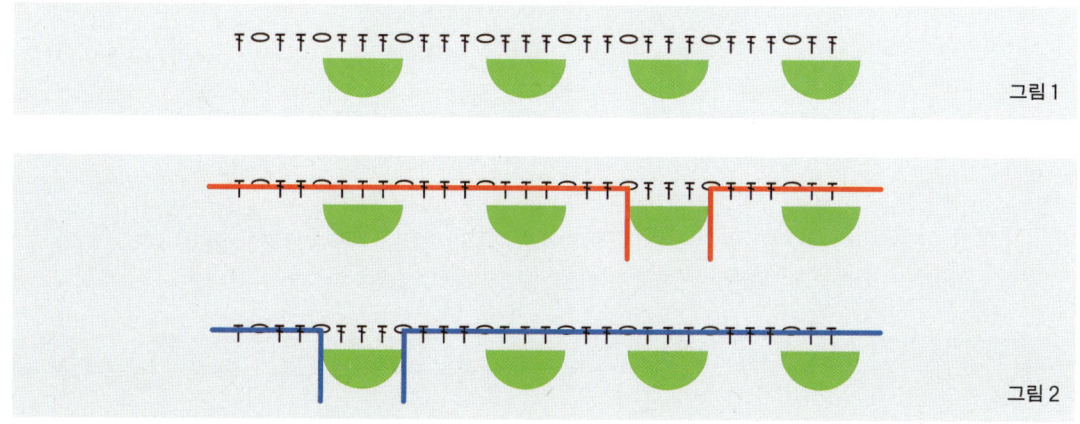

그림 1

그림 2

4 사슬뜨기 40코로 파우치 끈을 뜹니다. 총 2개의 끈을 만들어주세요.

5 잎의 여유 실을 사용해 파우치와 잎을 연결합니다. 파우치 마지막 단(9단)에 그림 1과 같이 연결합니다.

6 그림 2와 같이 끈을 연결합니다. 파우치 마지막 단(9단) 사슬 부분으로 끈을 넣어준 후 끝을 묶어 정리합니다.

집 파우치

아늑한 집 모양의 파우치를 만들었어요. 완성 후 가방 바닥에 파우치 밑면 크기에 맞춰
부자재를 잘라 넣으면 물건을 넣어도 바닥이 처지지 않게 만들 수 있습니다.
여러 가지 색을 조합해 다양한 집을 만들 수 있는 도안이에요.
지붕과 벽, 문의 색깔을 다르게 뜨면 마치 작은 마을을 만드는 것 같은 느낌이 들어요.
실용적이면서도 귀여움을 놓치지 않은 작품입니다.

기본 정보

사용 실 착하면 001(스노우), 003(살구), 011(개나리), 015(카멜), 053(밝은빨강)

사용 도구 모사용 코바늘 5호(3.0mm), 돗바늘, 가위, 스토퍼, 가방 바닥용 부자재

주의 사항

- 무사슬 기법을 사용해 뜹니다.

집 만들기

1단	매직링 - 한길긴뜨기 12 (총 12코)
2단	한길긴뜨기 늘리기 12 (총 24코)
3단	{한길긴뜨기 1 - 한길긴뜨기 늘리기 1} * 12번 반복 (총 36코)
4단	{한길긴뜨기 2 - 한길긴뜨기 늘리기 1} * 12번 반복 (총 48코)
5단	{한길긴뜨기 늘리기 1 - 한길긴뜨기 3} * 12번 반복 (총 60코)
6단	한길긴뜨기 뒷이랑뜨기 평단(한 코에 한길긴뜨기 하나씩 떠주세요) (총 60코)
7~12단	한길긴뜨기 평단(한 코에 한길긴뜨기 하나씩 떠주세요) (총 60코)
	◐ 밝은빨강 실로 바꿔 이어 뜹니다.
13단	(뒷이랑뜨기) 한길긴뜨기 평단(한 코에 한길긴뜨기 하나씩 떠주세요) (총 60코)
14단	{한길긴뜨기 3 - 한길긴뜨기 줄이기 1} * 12번 반복 (총 48코)
15~17단	한길긴뜨기 평단(한 코에 한길긴뜨기 하나씩 떠주세요) (총 48코)
18단	{한길긴뜨기 2 - 한길긴뜨기 줄이기 1} * 12번 반복 (총 36코)
19단	{한길긴뜨기 1 - 사슬뜨기 1 - 한 코 건너뛰기 - 한길긴뜨기 1} * 12번 반복 (총 36코)
20단	한길긴뜨기 평단(한 코에 한길긴뜨기 하나씩 떠주세요) (총 36코)

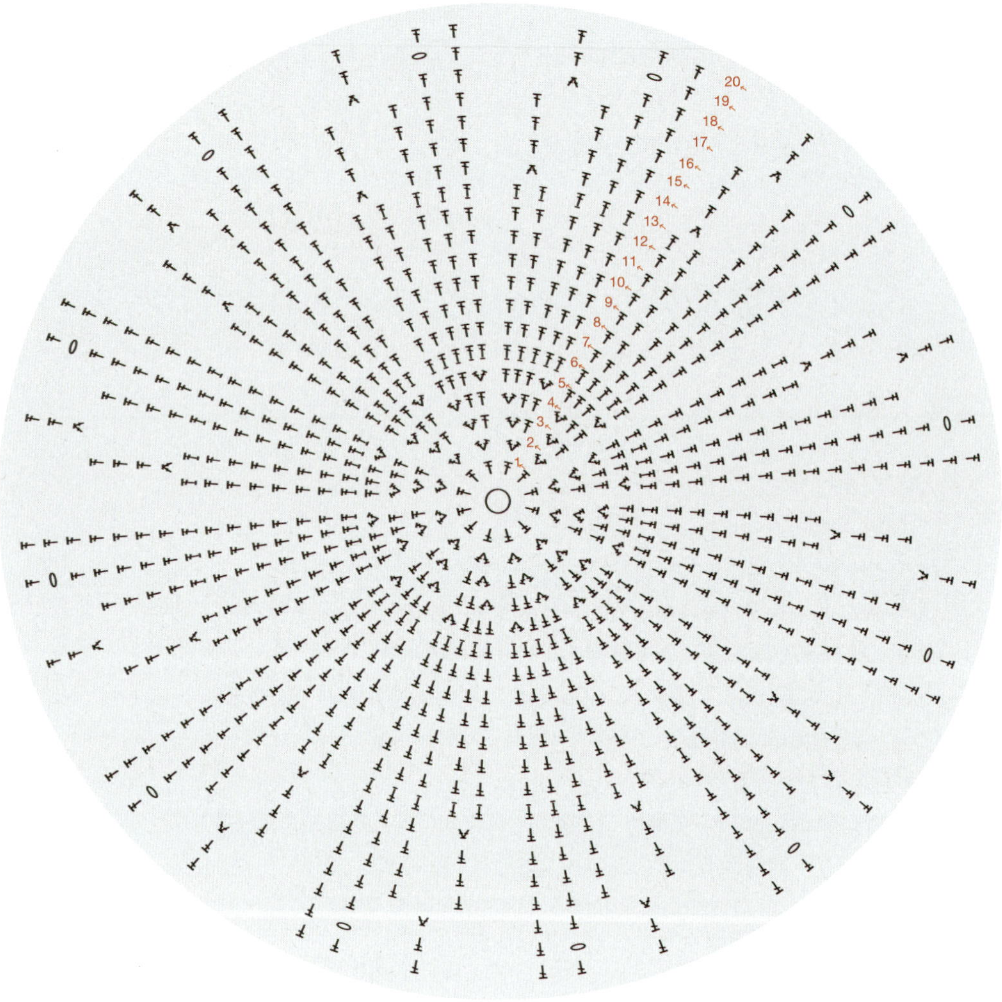

1 살구 실로 집을 뜹니다. 12단까지 뜬 후 실을 자르고 마무리합니다.

2 13단부터는 밝은빨강 실로 바꿔 이어 뜹니다. 실을 자르고 돗바늘로 마무리합니다.

3 개나리 실로 조임 끈을 뜹니다. 이중사슬뜨기로 35cm 정도 떠주세요. 실을 자르고 돗바늘로 마무리한 후 파우치 19단에 끼워줍니다. 끈에 스토퍼를 끼워 마무리합니다.

문 만들기

1단 사슬뜨기 5 - 기둥사슬 1 - 짧은뜨기 4 - 짧은뜨기 세 코 늘려뜨기 - 짧은뜨기 4 - 기둥사슬 1 - 편물 뒤집기 (총 11코)

2단 짧은뜨기 4 - 짧은뜨기 늘리기 3 - 짧은뜨기 4 - 기둥사슬 1 - 편물 뒤집기 (총 14코)

3단 짧은뜨기 4 - {짧은뜨기 1 - 짧은뜨기 늘리기 1} * 3번 반복 - 짧은뜨기 4 - 기둥사슬 1 - 편물 뒤집기 (17코)

4단 짧은뜨기 4 - {짧은뜨기 2 - 짧은뜨기 늘리기 1} * 3번 반복 - 짧은뜨기 4 (총 20코)

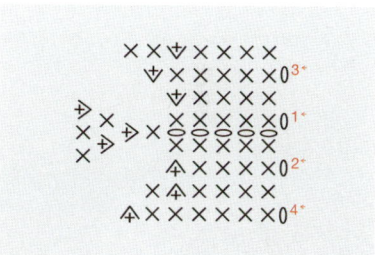

4 카멜 실로 문을 뜹니다. 여유 실을 남겨 자르고 돗바늘로 마무리합니다.

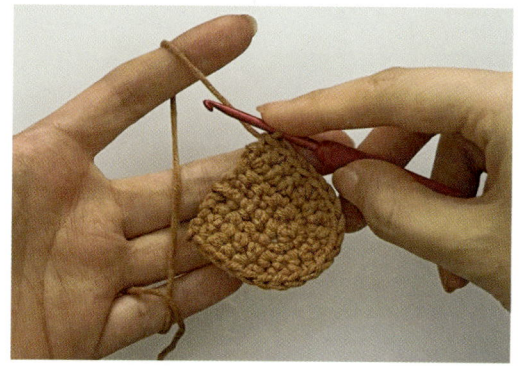

창문 만들기 및 마무리

1단   사슬뜨기 4 - 기둥사슬 1 - 짧은뜨기 4 - 기둥사슬 1 - 편물 뒤집기 (총 4코)
2~4단   짧은뜨기 4 - 기둥사슬 1 - 편물 뒤집기 (총 4코)
5단   짧은뜨기 4 (총 4코)

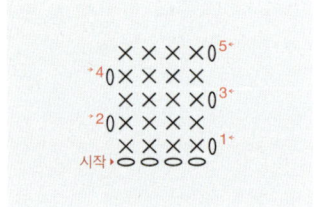

5   스노우 실로 창문을 뜹니다. 사슬뜨기를 하나 떠준 후 실을 자르고 마무리합니다.

6   카멜 실로 창틀을 이어 뜹니다. 5에서 뜬 창문 가장자리에 짧은뜨기 한 바퀴를 둘러줍니다. 각이 진 창문 모서리엔 짧은뜨기 2개를 한 코에 떠주세요. 여유 실을 길게 남겨 자르고 돗바늘로 마무리합니다.

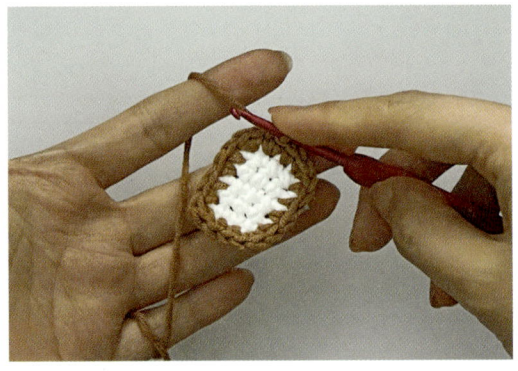

7   5~6의 과정을 반복해 총 2개의 창문을 만들어주세요.
◎ 크기가 차이 나지 않도록 손땀을 일정하게 떠주세요.

8   문과 창문의 여유 실을 사용해 돗바늘로 연결합니다.

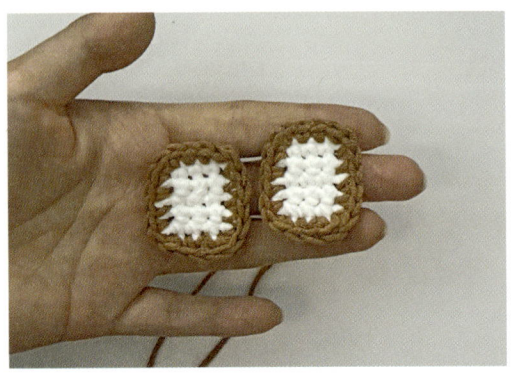

곰돌이 티슈 케이스

여행용 티슈를 담을 수 있는 실용적인 크기의 케이스입니다.
단추로 여닫는 디자인으로 실용성을 높였어요.
편의점에서 쉽게 구할 수 있는 휴대용 티슈를 넣어 사용하면 일상이 더욱 사랑스러워질 거예요.
가방 속에서 티슈를 찾을 때마다 미소 짓게 만들어줄 실용성과 귀여움을 모두 담은 도안입니다.

기본 정보

사용 실　착하면 015(카멜), 049(블랙)

사용 도구　모사용 코바늘 6호(3.5mm), 5호(3.0mm), 레이스 코바늘 2.0mm, 돗바늘, 가위, 단추, 순간접착제

주의 사항

- 모든 단의 시작인 한길긴뜨기는 굵은 기둥코로 뜹니다. 모든 단의 마지막은 첫 코에 빼뜨기로 마무리합니다.

뒷판 만들기

1단　사슬뜨기 11 - (바늘에서 두 번째 코에) 한길긴뜨기 세 코 늘려뜨기 1 - 한길긴뜨기 8 - 한길긴뜨기 6코 늘려뜨기 - 한길긴뜨기 8 - 한길긴뜨기 세 코 늘려뜨기 1 (총 28코)

2단　한길긴뜨기 늘리기 3 - 한길긴뜨기 8 - 한길긴뜨기 늘리기 6 - 한길긴뜨기 8 - 한길긴뜨기 늘리기 3 (총 40코)

3단　{한길긴뜨기 1 - 한길긴뜨기 늘리기 1} *3번 반복 - 한길긴뜨기 8 - {한길긴뜨기 1 - 한길긴뜨기 늘리기 1} *6번 반복 - 한길긴뜨기 8 - {한길긴뜨기 1 - 한길긴뜨기 늘리기 1} *3번 반복 (총 52코)

4단　{한길긴뜨기 늘리기 1 - 한길긴뜨기 2} *3번 반복 - 한길긴뜨기 8 - {한길긴뜨기 늘리기 1 - 한길긴뜨기 2} *6번 반복 - 한길긴뜨기 8 - {한길긴뜨기 늘리기 1 - 한길긴뜨기 2} *3번 반복 (총 64코)

5단　{한길긴뜨기 3 - 한길긴뜨기 늘리기 1} *3번 반복 - 한길긴뜨기 8 - {한길긴뜨기 3 - 한길긴뜨기 늘리기 1} *6번 반복 - 한길긴뜨기 8 - {한길긴뜨기 3 - 한길긴뜨기 늘리기 1} *3번 반복 (총 76코)

1　카멜 실을 사용해 6호 코바늘로 뒷판을 뜹니다. 실을 자르고 돗바늘로 마무리합니다.

앞판 만들기

1단 사슬뜨기 19 - 첫 코에 빼뜨기 - 한길긴뜨기 세 코 늘려뜨기 1 - 한길긴뜨기 8 - 한길긴드기 6코 늘려뜨기 - 한길긴뜨기 8 - 한길긴뜨기 세 코 늘려뜨기 1 (총 28코)

2단 한길긴뜨기 늘리기 3 - 한길긴뜨기 8 - 한길긴뜨기 늘리기 6 - 한길긴뜨기 8 - 한길긴뜨기 늘리기 3 (총 40코)

3단 {한길긴뜨기 1 - 한길긴뜨기 늘리기 1} *3번 반복 - 한길긴뜨기 8 - {한길긴뜨기 1 - 한길긴뜨기 늘리기 1} *6번 반복 - 한길긴뜨기 8 - {한길긴뜨기 1 - 한길긴뜨기 늘리기 1} *3번 반복 (총 52코)

4단 {한길긴뜨기 늘리기 1 - 한길긴뜨기 2} *3번 반복 - 한길긴뜨기 8 - {한길긴뜨기 늘리기 1 - 한길긴뜨기 2} *6번 반복 - 한길긴뜨기 8 - {한길긴뜨기 늘리기 1 - 한길긴뜨기 2} *3번 반복 (총 64코)

5단 {한길긴뜨기 3 - 한길긴뜨기 늘리기 1} *3번 반복 - 한길긴뜨기 8 - {한길긴뜨기 3 - 한길긴뜨기 늘리기 1} *3번 반복 - 사슬뜨기 7 - {한길긴뜨기 3 - 한길긴뜨기 늘리기 1} *3번 반복 - 한길긴뜨기 8 - {한길긴뜨기 3 - 한길긴뜨기 늘리기 1} *3번 반복 (총 86코)

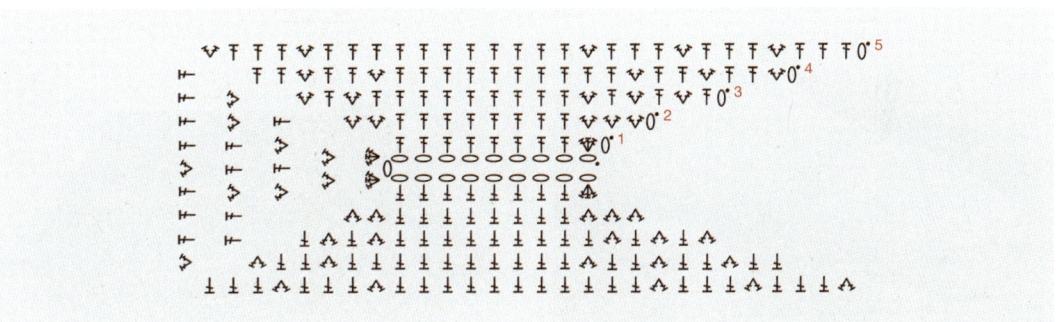

2 같은 실을 사용해 5호 코바늘로 앞판을 뜹니다. 120cm 정도 여유 실을 길게 남겨 자른 후 돗바늘로 마무리합니다.

◉ 여유 실은 뒷판과 연결할 때 사용합니다.

귀 만들기

1단   매직링 - 짧은뜨기 4 - 사슬뜨기 1 - 편물 뒤집기 (총 4코)
2단   짧은뜨기 늘리기 4 - 사슬뜨기 1 - 편물 뒤집기 (총 8코)
3단   {짧은뜨기 1 - 짧은뜨기 늘리기 1} * 4번 반복 (총 12코)

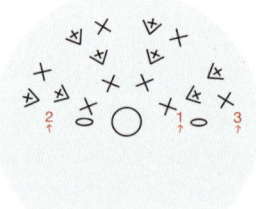

3 같은 실로 귀를 뜹니다. 여유 실을 남겨 자르고 돗바늘로 마무리합니다.

4 과정을 반복해 2개의 귀를 만든 후 앞판 4단과 5단 사이에 연결합니다.
◐ 크기가 차이 나지 않도록 손땀을 일정하게 떠주세요.

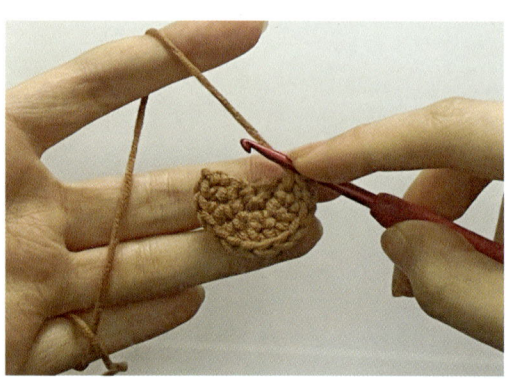

코와 눈 만들기 및 마무리

1단   매직링 - 짧은뜨기 6 (총 6코)

5 블랙 실 두 가닥을 사용해 레이스 코바늘로 코를 뜹니다. 실을 자르고 돗바늘로 마무리합니다.

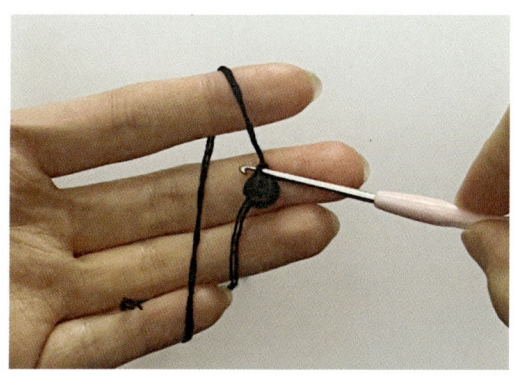

6 실 한 가닥으로 과정을 반복해 2개의 눈을 떠준 후 순간접착제로 눈과 코를 붙여주세요. 눈은 2단과 3단 사이, 코는 2단 정도에 붙여줍니다.

7 앞판의 여유 실로 뒷판과 연결합니다. 티슈를 넣을 왼쪽 고리 부분을 제외하고 총 54코를 연결합니다. 실 두 가닥으로 뒷판에 단추를 연결해 완성합니다.

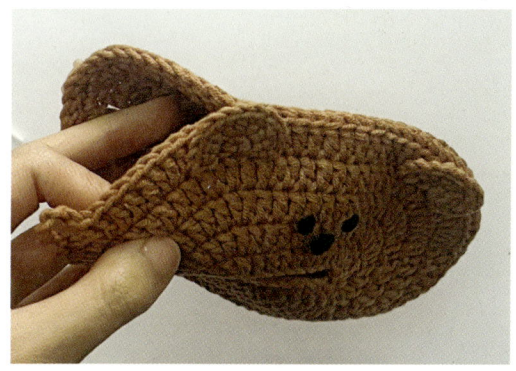

고양이 핀

정삼각형 뜨기를 활용한 고양이 귀 모양의 핀입니다.
착용하면 고양이 귀가 생긴 듯한 귀여운 느낌을 연출할 수 있습니다.
실 색상을 바꿔 치즈고양이나 검정고양이 등 다양한 버전의 고양이 귀를 만들어 보세요.
고양이 집사들에게 귀엽고 독특한 고양이 핀을 선물해 보세요.

기본 정보

사용 실 착하면 001(스노우), 024(인디핑크)
사용 도구 모사용 코바늘 5호(3.0mm), 돗바늘, 가위, 핀, 글루건

주의 사항

• 모든 단의 시작은 기둥사슬 1코이며, 모든 단의 마지막은 첫 코에 빼뜨기로 마무리합니다.

귀 만들기

1단 매직링 - 짧은뜨기 6 (총 6코)

2단 {짧은뜨기 1 - 짧은뜨기 세 코 늘려뜨기 1} * 3 (총 12코)

3단 짧은뜨기 2 - 짧은뜨기 세 코 늘려뜨기 1 - {짧은뜨기 3 - 짧은뜨기 세 코 늘려뜨기 1} * 2번 반복 - 짧은뜨기 1 (총 18코)

4단 짧은뜨기 3 - 짧은뜨기 세 코 늘려뜨기 1 - {짧은뜨기 5 - 짧은뜨기 세 코 늘려뜨기 1} * 2번 반복 - 짧은뜨기 2 (총 18코)

5단 짧은뜨기 4 - 짧은뜨기 세 코 늘려뜨기 1 - {짧은뜨기 7 - 짧은뜨기 세 코 늘려뜨기 1} * 2번 반복 - 짧은뜨기 3 (총 18코)

6단 짧은뜨기 5 - 짧은뜨기 세 코 늘려뜨기 1 - {짧은뜨기 9 - 짧은뜨기 세 코 늘려뜨기 1} * 2번 반복 - 짧은뜨기 4 (총 18코)

◐ 스노우 실로 바꿔 이어 뜹니다.

7단 짧은뜨기 6 - 짧은뜨기 세 코 늘려뜨기 1 - {짧은뜨기 11 - 짧은뜨기 세 코 늘려뜨기 1} * 2번 반복 - 짧은뜨기 5 (총 18코)

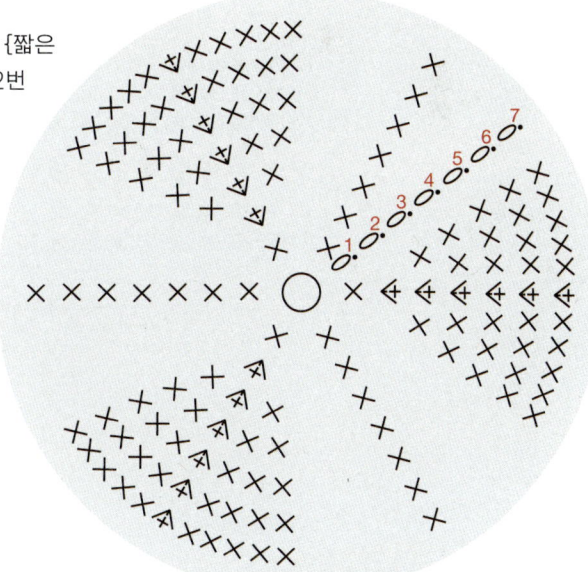

1 인디핑크 실로 고양이 귀를 뜹니다.

2 7단부터는 스노우 실로 바꿔 이어 뜹니다. 여유 실을 길게 남겨 자르고 돗바늘로 마무리합니다.

▶ 여유 실은 핀 바닥과 연결할 때 사용합니다.

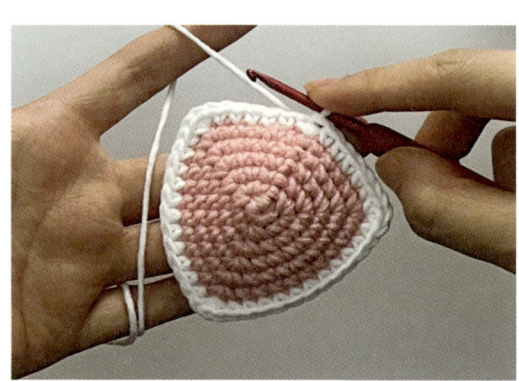

핀 바닥 만들기 및 마무리

1단　사슬뜨기 13 - (바늘에서 두 번째 코부터) 짧은뜨기 11 - 짧은뜨기 세 코 늘려뜨기 1 - 짧은뜨기 10 - 짧은뜨기 늘리기 1 (총 26코)

2단　짧은뜨기 늘리기 1 - 짧은뜨기 10 - 짧은뜨기 늘리기 3 - 짧은뜨기 10 - 짧은뜨기 늘리기 2 (총 32코)

3단　짧은뜨기 1 - 짧은뜨기 늘리기 1 - 짧은뜨기 10 - {짧은뜨기 1 - 짧은뜨기 늘리기 1} * 3번 반복 - 짧은뜨기 10 - {짧은뜨기 1 - 짧은뜨기 늘리기 1} * 2번 반복 (총 38코)

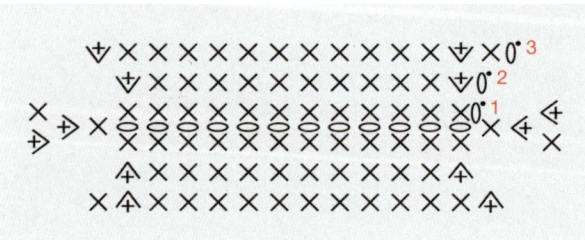

3 스노우 실로 핀 바닥을 뜹니다. 실을 자르고 돗바늘로 마무리합니다.

4 귀의 여유 실로 핀 바닥과 귀를 연결한 후 글루건을 사용해 핀과 연결합니다.

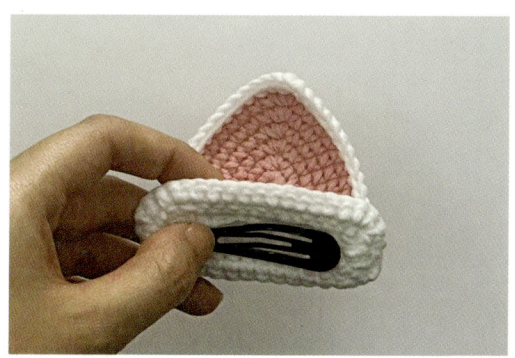

Part 3

다양한
뜨개 패턴

도토리 배색뜨기

가을 느낌이 물씬 나는 도토리 배색(패턴)이에요.
작은 크기로 벽에 걸어 장식해도 좋지만 티코스터로도 활용할 수 있어요.
다른 패턴에 비해 색을 적게 쓰는 도안이라 부담 없이 도전해 볼 수 있을 거예요.
귀엽고 따뜻한 분위기를 낼 수 있는 배색 도안입니다.

기본 정보

사용 실 착하면 002(크림바닐라), 015(카멜), 017(레드브라운), 034(샐러리)

사용 도구 모사용 코바늘 5호(3.0mm), 돗바늘, 가위

주의 사항

• 여러 가지 색의 실이 사용되는 도안이기 때문에 색 변경 후 사용하지 않는 실은 같이 잡아 숨겨 뜨지 않고 필요할 때만 끌어와 뜹니다.

도토리 배색 도안

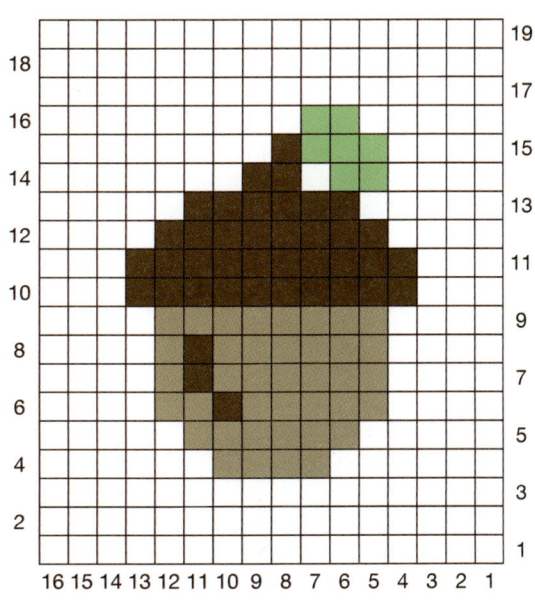

멍냥 배색뜨기

강아지 울음소리(woof)와 고양이 울음소리(meow)를 레터링으로 표현한 귀여운 패턴이에요.
두 가지 색상만 사용하기 때문에 초보자도 부담 없이 시도해 볼 수 있습니다.
벽 장식으로 걸어도 좋고, 쿠션 커버나 가방에 포인트로 넣어 만들어도 귀여워요.
반려동물을 키우거나 동물을 좋아하는 지인에게 선물용으로 활용 만점이에요.
간단한 패턴이지만 완성하고 나면 확실한 포인트가 되는 작품입니다.

기본 정보

사용 실 착하면 031(라벤더), 해피코튼 784(연카키라임)
사용 도구 모사용 코바늘 5호(3.0mm), 돗바늘, 가위

주의 사항

- 10단까지 뜬 후 실을 자르고 연카키라임 실로 바꿔 이어 뜹니다. 편물 앞면을 보고 떠주세요.
- 두 가지 색만 사용되는 배색 도안이기 때문에 사용하지 않는 실은 같이 잡고 숨겨주며 뜹니다.

멍냥 배색 도안

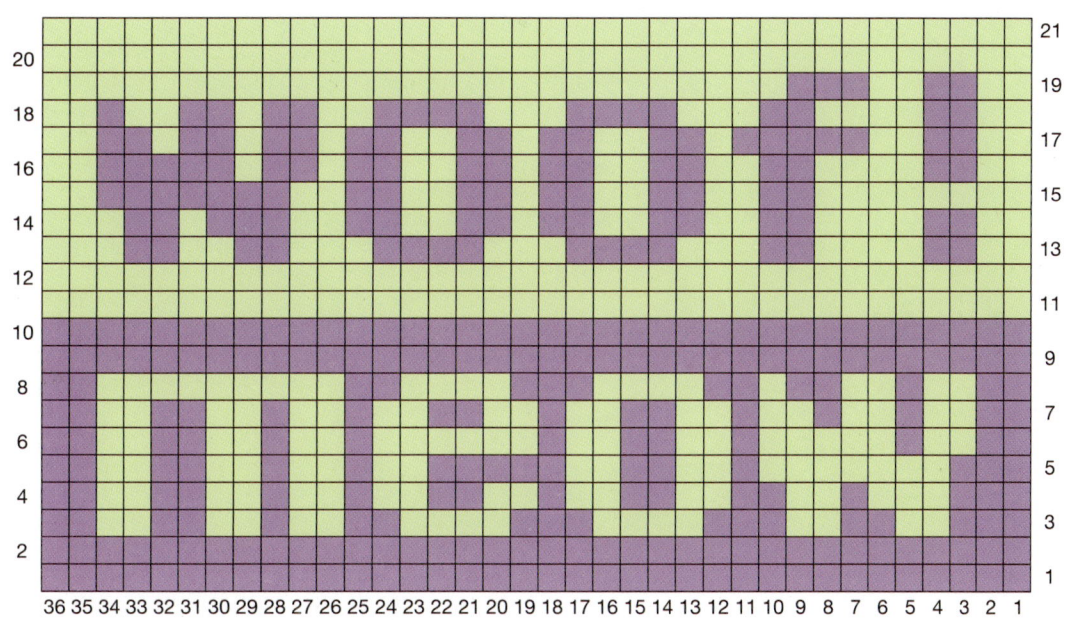

푸딩 곰돌이 배색뜨기

푸딩 곰돌이를 배색뜨기로 표현해 보았어요.
여러 색을 사용해 표현하다 보니 생각보다 복잡하게 느껴질 수 있지만 그만큼 만족도는 높답니다.
다 뜨고 나서 눈과 코 부분을 자수로 표현해주면 더욱 생동감 있어요.
이 작품을 벽에 걸어 두니 방 분위기가 아기자기하고 귀여워지더라고요.
멍냥 패턴이나 도토리 패턴을 먼저 뜬 후 배색뜨기에 어느 정도 익숙해졌을 때 도전하면 좋을 것 같아요.

기본 정보

사용 실   착하면 011(개나리), 015(카멜), 047(베이비스카이), 049(블랙), 053(밝은빨강)

사용 도구   모사용 코바늘 5호(3.0mm), 돗바늘, 가위

주의 사항

• 여러 가지 색의 실이 사용되므로 색 변경 후 사용하지 않는 실은 같이 잡아 숨겨 뜨지 않고 필요할 때만 끌어와 뜹니다.

• 편물 완성 후 곰돌이의 눈과 코는 자수를 놓아주세요.

푸딩 곰돌이 배색 도안

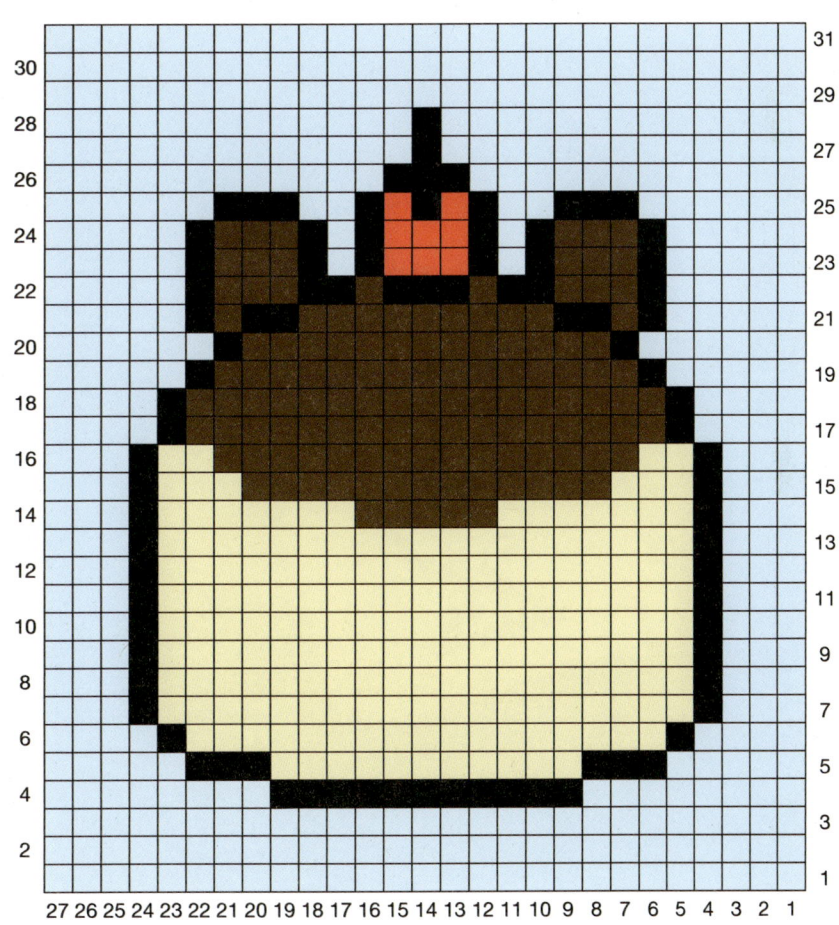

멜론 소다 배색뜨기

시원하고 상큼한 멜론 소다를 배색으로 표현해 봤어요.
푸딩 곰돌이 패턴과 잘 어울려서 함께 벽에 장식하기 좋아요.
연두색 실로 뜬 음료의 탄산 기포 느낌을 배색으로 표현하는 게 재미있더라고요.
색을 바꿔 오렌지 소다나 포도 소다 등 다양한 음료로 만들어 볼 수 있어 응용하는 재미가 있답니다.
배경색과의 조합도 다양하게 시도해 보면 색다른 분위기가 나서 시리즈로 만들고 싶어지는 패턴이에요.

기본 정보

사용 실   착하면 001(스노우), 002(크림바닐라), 011(개나리), 049(블랙), 053(밝은빨강), 해피코튼 784(연카키라임)

사용 도구   모사용 코바늘 5호(3.0mm), 돗바늘, 가위

주의 사항

• 여러 가지 색의 실이 사용되므로 색 변경 후 사용하지 않는 실은 같이 잡아 숨겨 뜨지 않고 필요할 때만 끌어와 뜹니다.

멜론 소다 배색 도안

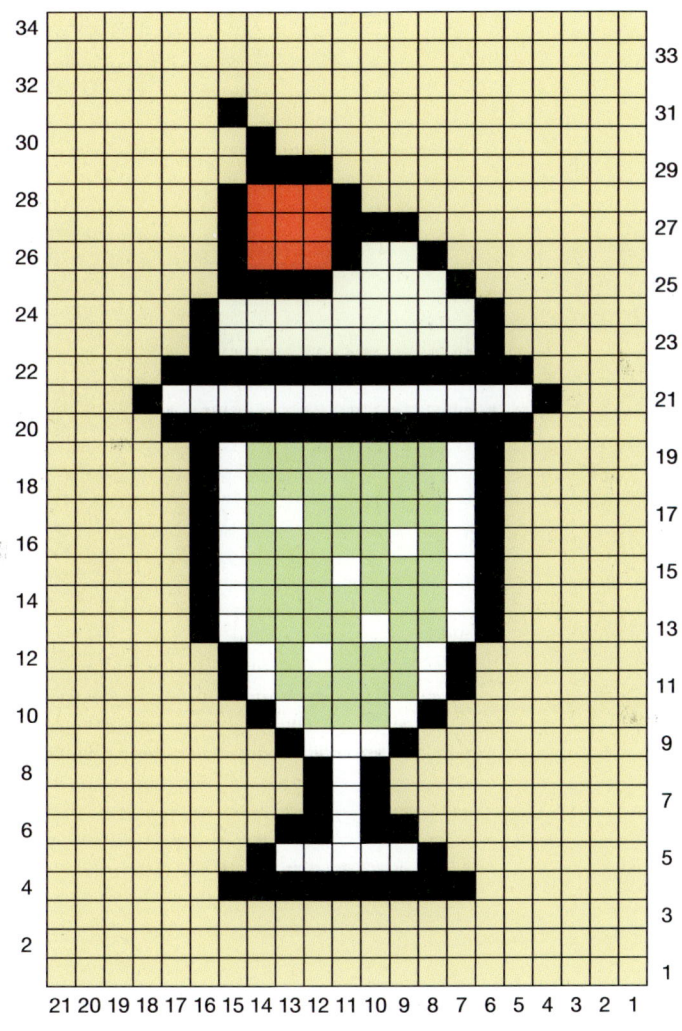

yarn over 방안뜨기

yarn over는 코바늘에 실을 감는 동작을 의미해요.
뜨개를 시작할 때 자주 쓰이는 기본적인 동작을 형태로 표현해 보니 색다른 재미가 있었어요.
심플한 패턴이라 가방이나 테이블 매트, 커튼처럼 다양한 소품에 활용할 수 있답니다.

기본 정보

사용 실 착하면 049(블랙)

사용 도구 모사용 코바늘 5호(3.0mm), 돗바늘, 가위

주의 사항

• 가로 23칸의 도안이라 23×3+1로 총 70코의 사슬을 만들어 시작합니다.

yarn over 패턴 도안

사슬뜨기 70코 후 첫 칸이 빈칸이기 때문에 사슬뜨기를 5코 더 떠준 후 바늘에서 아홉 번째 코에 한길긴뜨기를 떠줍니다. 그 후 사슬뜨기 2코를 뜨면 도안의 2칸을 뜨게 됩니다.

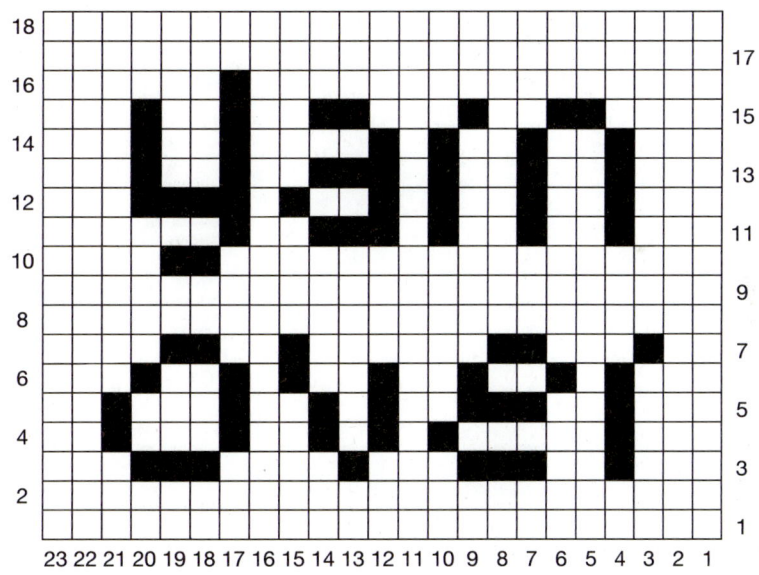

stitch up 방안뜨기

stitch up은 코를 이어 완성하는 과정을 뜻하는데요.
사실 뜨는 건 재미있지만 연결하는 과정은 조금 지루하게 느껴질 수 있어요.
하지만 연결하지 않으면 작품이 완성되지 않죠.
방안뜨기는 반복 동작이 많아 지루할 수 있지만 완성하고 나면 뜨개에 대한 애정이 더 생긴답니다.
코바늘 용어로 만든 방안뜨기 편물은 뜨개에 대한 애정을 표현하는 특별한 장식으로 활용하기 정말 좋겠죠?

기본 정보

사용 실   착하면 002(크림바닐라)

사용 도구   모사용 코바늘 5호(3.0mm), 돗바늘, 가위

주의 사항

• 가로 29칸의 도안이라 29×3+1로 총 88코의 사슬을 만들어 시작합니다.

stitch up 패턴 도안

사슬뜨기 88코 후 첫 칸이 빈칸이기 때문에 사슬뜨기 5코를 더 떠준 후 바늘에서 아홉 번째 코에 한길긴뜨기를 떠줍니다. 그 후 사슬뜨기 2코를 뜨면 도안의 2칸을 뜨게 됩니다.

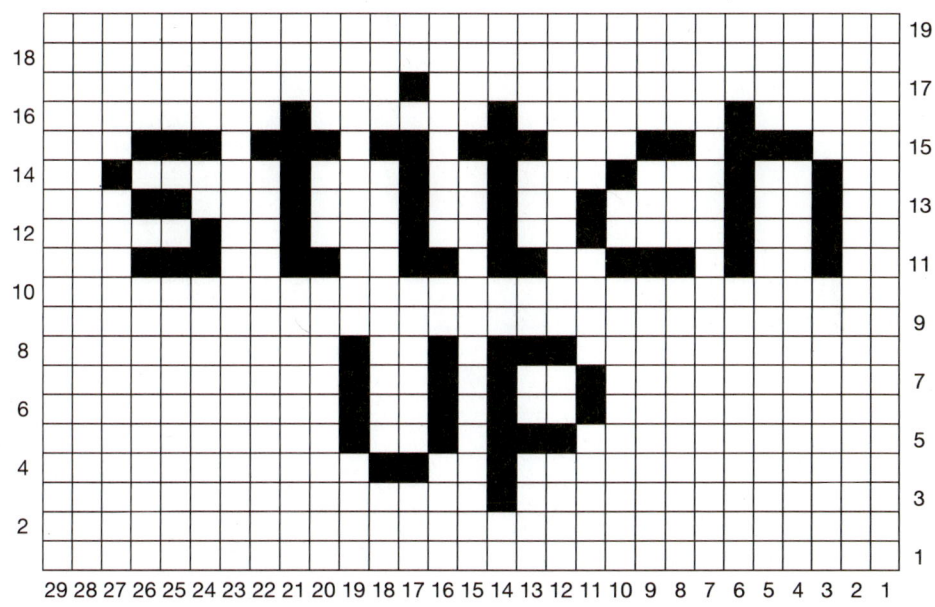